O matrimônio e o processo de nulidade matrimonial

Pe. Silvestre Paulo Batista Sales

O matrimônio e o processo de nulidade matrimonial

Manual de orientações canônicas

Paulinas

Dados Internacionais de Catalogação na Publicação (CIP)
Angélica Ilacqua CRB-8/7057

Sales, Silvestre Paulo Batista
O matrimônio e o processo de nulidade matrimonial : manual de orientações canônicas / Silvestre Paulo Batista Sales. – São Paulo : Paulinas, 2023.
128 p. (Coleção Direito canônico)

Bibliografia
ISBN 978-65-5808-191-3

1. Casamento – Anulação (Direito canônico) 2. Casamento – Aspectos religiosos – Igreja Católica I. Título II. Série

22-6119   CDD 262.9

Índice para catálogo sistemático:
1. Casamento – Anulação (Direito canônico)

1ª edição – 2023
1ª reimpressão – 2024

Direção geral: *Ágda França*
Editores responsáveis: *Vera Ivanise Bombonatto*
Antonio Francisco Lelo
Copidesque: *Mônica Elaine G. S. da Costa*
Coordenação de revisão: *Marina Mendonça*
Revisão: *Sandra Sinzato*
Gerente de produção: *Felício Calegaro Neto*
Capa e diagramação: *Tiago Filu*

Nenhuma parte desta obra poderá ser reproduzida ou transmitida por qualquer forma e/ou quaisquer meios (eletrônico ou mecânico, incluindo fotocópia e gravação) ou arquivada em qualquer sistema ou banco de dados sem permissão escrita da Editora. Direitos reservados.

Cadastre-se e receba nossas informações
paulinas.com.br
Telemarketing e SAC: 0800-7010081

Paulinas
Rua Dona Inácia Uchoa, 62
04110-020 – São Paulo – SP (Brasil)
(11) 2125-3500
editora@paulinas.com.br

© Pia Sociedade Filhas de São Paulo – São Paulo, 2023

Agradecimentos

A Deus, pelo dom incomensurável da vida e da vocação sacerdotal.

À minha amada família.

A Dom Carlos Verzeletti, bispo da Diocese de Castanhal, pelo amor e dedicação ao seu rebanho e pela imerecida confiança em mim depositada.

E, também, aos meus irmãos no sacerdócio.

Dedico este trabalho a meus pais, que, com fé, sacrifício, simplicidade e humildade, foram incansáveis na formação do meu caráter. E, ainda, dedico às famílias e aos amigos que compõem a minha história, sem os quais não teria chegado até aqui. A eles todo bem e toda graça.

Um carinho especial à minha mãe Domingas, que recentemente passou para a morada eterna, e de quem a saudade persiste em fazer parte dos meus dias.

Sumário

Lista de abreviações 11

Apresentação 13

Prefácio 17

CAPÍTULO 1
Aspectos gerais do matrimônio 21

CAPÍTULO 2
Nulidades do matrimônio 35

CAPÍTULO 3
A justiça eclesiástica 81

CAPÍTULO 4
Processo de nulidade de matrimônio 89

CAPÍTULO 5
Parte prática – Modelos de formulários 113

Conclusão 121

Referências 123

Glossário 125

Lista de abreviações

AL	Exortação Apostólica *Amoris Laetitia*: sobre o amor na família
cân. ou c.	Cânon (regra, norma) do Código de Direito Canônico
CC	Carta Encíclica *Casti Connubii*: sobre o matrimônio cristão
CDC	Código de Direito Canônico
CIC	*Códex Iuris Canonici* – o mesmo que CDC (sigla em latim)
CNBB	Conferência Nacional dos Bispos do Brasil
DC	Texto Legislativo *Dignitas Connubii*
GS	Constituição Apostólica *Gaudium et Spes* (Alegria e esperança): sobre a Igreja no mundo atual

Apresentação

"Convido os fiéis, que vivem situações complexas, a aproximar-se com confiança para falar com os seus pastores ou com leigos que vivem entregues ao Senhor [...]. Convido os pastores a escutar, com carinho e serenidade [...] para ajudá-los a viver melhor e reconhecer o seu lugar na Igreja."
(Papa Francisco, *Amoris Laetitia*, n. 312)

Entrego aos padres, diáconos e aos próprios casais este Manual, precioso instrumento de orientações canônicas para a nulidade matrimonial, preparado com esmero e competência pelo Padre Silvestre Paulo B. Sales, vigário judicial do Tribunal Eclesiástico de nossa diocese.

Alegra-se a Mãe Igreja quando os esposos vivem sua vida amando alegremente, fazendo de suas casas um lar e uma pequena igreja doméstica. Deus quis que o homem e a mulher se unissem em uma só carne através da bênção matrimonial. A família é algo realmente belo! É a experiência universal de comunhão que a humanidade vive. Todas as pessoas, de todos os lugares e de todos os tempos, de qualquer que seja a visão de mundo, passam por essa experiência de comunhão: a formação da família, a relação entre homem e mulher que gera vida.

O matrimônio não é um fardo a ser carregado, mas um caminho dinâmico de realização humana através da relação conjugal. Não podemos jamais nos cansar, como Igreja, de propô-lo, apresentando a alegria do amor familiar aos jovens e convidando os casais a redescobrirem dia a dia esse amor através do acompanhamento das famílias. Faz-se necessária uma ação pastoral positiva, acolhedora e missionária, que mostre aos namorados, aos noivos e aos casais que viver na graça de Deus e ser verdadeiramente felizes não são coisas distintas, mas que fazem parte da mesma vocação matrimonial.

Com a mesma caridade que anunciamos esta proposta que brota da fé, é preciso reconhecer que a realidade nem sempre está ao lado do ideal. Nossa sociedade secularizada caminha contaminada com o mal do individualismo exagerado e da cultura do descartável que coisifica as pessoas, os sentimentos e as relações. Esse mal entra sorrateiramente nas famílias, antes e depois que elas são formadas, para miná-las a partir de dentro, a partir do que têm de mais belo, que é a sua comunhão no amor.

Diante da fragilidade humana, a Igreja precisa estar em constante discernimento para não fechar os olhos diante de sofrimentos latentes e, ao mesmo tempo, zelar pela verdade da salvação. É dessa necessidade de discernimento que provém o Tribunal Eclesiástico Diocesano e a preparação deste Manual de Orientações Canônicas a respeito do processo de nulidade matrimonial.

Este documento deverá ser acolhido, conhecido e trabalhado por nossos padres, diáconos, casais da Pastoral Familiar e de movimentos eclesiais, e, também, por todas as lideranças que direta ou indiretamente atuam no acompanhamento das famílias. Seu objetivo é contribuir na arte do discernimento pastoral e oferecer um claro caminho de auxílio diante das diversas problemáticas das famílias e dos matrimônios.

Agradeço o grande empenho e a disponibilidade do Padre Silvestre Sales na elaboração deste Manual, como também na condução do Tribunal Eclesiástico de nossa diocese. Que seu trabalho se torne fecundo no chão pastoral de nossas paróquias e comunidades.

Dom Carlos Verzeletti
Bispo diocesano de Castanhal

Prefácio

Diante do urgente apelo pastoral provocado pela má compreensão da beleza e da profundidade do sacramento do Matrimônio e do processo canônico que o envolve, urge a necessidade de elaborar um Manual que, ao mesmo tempo, seja prático e tenha uma profundidade relevante. Esta obra, denominada *O matrimônio e o processo de nulidade matrimonial*, que contém o significado do matrimônio religioso e as *orientações canônicas sobre o processo de nulidade*, tem como intento não apenas elaborar postulados canônicos sobre a visão renovada da instituição do matrimônio e sobre a família apresentada pelo Concílio Vaticano II, como também agrupar os progressos legislativos, doutrinais e jurisprudências entrementes realizados no Direito substantivo e no Direito processual, impulsionados pelo novo Código de 1983 e já presentes no *Motu proprio* de São Paulo VI, *Causas matrimoniales*, no qual o Santo Padre contribuiu com normas para mais agilidade no que diz respeito aos processos normais, as quais foram incorporadas ao Código de Direito Canônico (CDC) de 1983, de São João Paulo II.

Até meados do ano de 2015, os processos de nulidade matrimonial eram relativamente burocratizados, sujeitos ao duplo grau de jurisdição, e, por isso, via de regra, para a sua conclusão, tinham que ser confirmados pelo Tribunal da Rota Romana. Isso demandava uma longa duração e uma espera penosa para os fiéis que desejavam regularizar a sua situação pessoal e familiar, bem como buscavam a reconciliação com Cristo e a Igreja, desejosos de participar dos santos sacramentos, especialmente da Santa Eucaristia.

Diante desse cenário, um fator de relevância decisiva foi a publicação de dois documentos pontifícios em forma de *Motu proprio* pelo Papa Francisco, *Mitis Iudex Dominus Iesus*, de 15/08/2015, versando sobre *A Reforma do Processo Canônico para as Causas de Declaração de Nulidade do Matrimônio no Código de Direito Canônico*, e a *Mitis et misericors Iesus*, nas quais o Santo Padre, tendo como preocupação a lei suprema da Igreja – a salvação das almas –, pretende "dar disposições que favoreçam não a nulidade dos matrimônios, mas a celeridade dos processos, no fundo uma justa simplificação, para que, por causa da demora na definição do juízo, o coração dos fiéis que aguardam pelo esclarecimento do seu próprio estado não seja longamente oprimido pelas trevas da dúvida".[1] As referidas normas passaram a vigorar a partir do dia 08/12/2015.

Dentre as normas reformadoras do CDC, merecem destaque: a decisão de "constituir um Juiz único sob a responsabilidade do bispo, no qual o Juiz é ele próprio, que julga os casos mais evidentes de nulidade matrimonial, após ouvir o parecer do defensor do vínculo e dos dois assessores. Os casos mais complexos ou duvidosos quem julga é o colégio de três juízes"; a instituição de uma única sentença favorável à nulidade matrimonial, com força *executiva*; e a instituição do "Processo mais breve" para os casos de nulidade matrimonial.

Essas reformas tiveram como escopo duas ações principais: a) reaproximar os fiéis afastados da Igreja, por motivo de matrimônios fracassados; e b) dar celeridade aos processos de nulidade matrimonial, às quais são traduzidas nas palavras do Papa Francisco, ao justificar as reformas contidas no *Motu proprio*, vejamos:

---

[1] PAPA FRANCISCO. *Motu Proprio Mitis Iudex Dominus Iesus*. Disponível em: http://www.vatican.va/content/francesco/pt/motu_proprio/documents/papa-francesco-motu-proprio_20150815_mitis-iudex-dominus-iesus.html. Acesso em: 3 abr. 2020.

O impulso reformador é alimentado pelo ingente número de fiéis que, embora desejando prover à sua própria consciência, muitas vezes foram afastados das estruturas jurídicas da Igreja por causa da distância física ou moral; ora, a caridade e a misericórdia exigem que a própria Igreja como mãe se torne próxima dos filhos que se consideram separados.[2]

Ao longo de meus doze anos de ministério sacerdotal e, especialmente, nos últimos anos, como vigário judicial, tornou-se bastante evidente que a instituição familiar, nos dias atuais, enfrenta uma profunda vulnerabilidade; tal fato tem tornado mais frequentes os casos de matrimônios contraídos sem a devida maturidade nem a preparação adequada para assumir os respectivos direitos e deveres. Diante disso, torna-se ainda mais necessária a solicitude pastoral por parte dos pastores de almas e da Igreja como um todo, provocando-nos a desdobrar-nos para ir ao encontro e providenciar as ferramentas jurídicas necessárias para a sanação das problemáticas no que tange à existência – ou não – do matrimônio.

Nesse sentido, nas *Regras de procedimentos*, ao tratar das causas de nulidade matrimonial, contidas no *Motu proprio*, o Papa Francisco (na Regra 3) recomenda aos bispos que façam redigir um "Manual em que se exponham os elementos essenciais para um desenvolvimento mais adequado da investigação" do processo de nulidade matrimonial. Atento a essa recomendação do Santo Padre, o Papa Francisco, e como colaborador do ordinário local, bispo diocesano, quero contribuir também como humilde servo do Senhor pondo nas mãos particularmente da Igreja um manual sobre o matrimônio com orientações canônicas, para que se cumpra o desígnio papal.

---

[2] Ibid.

Tendo em vista nossa experiência com as causas de nulidade matrimonial e a percepção dos pontos que costumam suscitar maior número de dúvidas, especialmente nos interessados diretos, ou seja, naqueles que recorrem ao auxílio dos Tribunais Eclesiásticos, pedindo a declaração de nulidade matrimonial, oferecemos, além das orientações básicas necessárias, os formulários apropriados para os diferentes procedimentos.

Dessa forma, este Manual nasce com o objetivo de auxiliar os padres, diáconos, catequistas e os agentes da Pastoral Familiar, assim como todos os que são envolvidos pela realidade que abrange as diversas problemáticas atuais do matrimônio e da família.

Fazemos sinceros votos de que o presente trabalho, que procuramos redigir de maneira acessível e clara, seja de verdadeira utilidade e proveito, de modo que venham com mais facilidade a ser sanadas as diversas situações que por vezes são fonte de sofrimento espiritual.

Na esperançosa intenção de ter cumprido fielmente a missão de colaborador do bispo e na certeza do amor e da bondade de Nosso Senhor, autor e princípio do sagrado matrimônio, é que humildemente coloco em suas mãos esta obra, para a glória de Deus e a salvação das almas, cujos frutos certamente não deixarão de vir a seu tempo. Do mesmo modo, recorro à materna intercessão de Santa Maria, Mãe de Deus, Rainha das Famílias, para que acompanhe com seu olhar benigno as nossas famílias e todo o agir da Igreja.

Humildemente,

Pe. Silvestre Paulo B. Sales

CAPÍTULO 1

Aspectos gerais do matrimônio

1.1 Matrimônio – Uma visão atual

A Igreja é divino-humana e, como sociedade humana, precisa de leis aptas a garantir a boa ordem entre seus membros.

Essas leis, além de suas finalidades imediatas, têm em vista um objetivo transcendente: conduzir os fiéis à vida eterna, à contemplação da Beleza Infinita. Por isso, é necessário ter diante dos nossos olhos a clássica linguagem jurídica: *Salus animarum supremalex esto*,[1] que significa: "A salvação das almas seja a lei suprema" na Igreja. O novo Código de Direito Canônico (CDC), promulgado em 1983, substituindo o anterior, que datava de 1917, é expressão da mentalidade renovadora do Concílio Vaticano II, cujos documentos ressoam nitidamente através dos cânones.

A Constituição Pastoral *Gaudium et Spes*, do Concílio Vaticano II, que fala sobre a Igreja no mundo de hoje, no que se refere à dignidade do matrimônio entre batizados, afirma que: "[a união entre um homem e uma mulher] é imagem e participação da aliança de amor entre Cristo e a Igreja".[2] Requer, portanto, que

---

[1] CDC, cân. 1752.
[2] GS, n. 48 e n. 1: "Cristo Senhor abençoou copiosamente este amor de múltiplos aspectos, nascido da fonte divina da caridade e constituído à imagem da sua própria união com a Igreja. E assim como outrora Deus veio ao encontro do seu povo com uma aliança de amor e fidelidade, assim agora o Salvador dos homens e esposo da Igreja vem ao encontro dos esposos cristãos com o sacramento do Matrimônio. E permanece com eles, para que, assim como ele amou a Igreja e se entregou por ela, de igual modo os cônjuges, dando-se um ao outro, se amem com perpétua fidelidade. O autêntico amor conjugal é assumido no amor divino, e dirigido e enriquecido pela força redentora de Cristo e pela ação salvadora da Igreja, para que, assim, os esposos caminhem eficazmente para Deus e sejam ajudados e fortalecidos na sua missão sublime de pai e mãe".

a Igreja promova o matrimônio e a família, alicerçados na união conjugal, devendo a família, célula vital da sociedade, receber maior solicitude pastoral da Igreja para que a proteja e defenda com todos os meios possíveis.[3] Tudo isso porque "A salvação da pessoa e da sociedade humana e cristã está intimamente ligada com uma favorável situação da comunidade conjugal e familiar [...]".[4]

É partindo desse pressuposto que todos os cristãos e todos os homens são chamados a enveredar por um caminho que os leve a proteger e fomentar a nativa dignidade do estado matrimonial e seu alto e sagrado valor.

A vocação matrimonial está inscrita na própria natureza do homem e da mulher, conforme foram plasmados pela mão do Divino Criador. Dessa forma, Deus é o autor do matrimônio, pois criou o homem por amor, e também o chamou para o amor, vocação essa fundamental e inata de todo ser humano, pois o homem foi criado à imagem e semelhança de Deus, que, na sua essência, é amor (cf. 1Jo 4,8.12). Tendo-os criado homem e mulher, seu amor mútuo se torna uma imagem do amor absoluto e indefectível de Deus por todo gênero humano.

E esse amor abençoado por Deus é destinado a ser fecundo e a realizar-se na obra comum de preservação e colaboração do homem e da mulher na obra da criação: "Deus os abençoou e lhes disse: sede fecundos, multiplicai-vos, enchei a terra e submetei-a" (Gn 1,28). Além disso, afirma o Divino Criador, autor do sacramento do Matrimônio: "Não é bom que o homem esteja só" (Gn 2,18), "por isso o homem deixa seu pai e sua mãe, se une à sua mulher, e eles se tornam uma só carne" (Gn 2,24). Aqui encontramos as duas propriedades essenciais do matrimônio: a unidade e indissolubilidade. No entanto, alguns católicos se casaram na Igreja

---

[3] Cf. DC, p. 7; GS, n. 47.
[4] GS, n. 47.

sem a devida preparação, ou seja, sem o equilíbrio necessário; sem a capacidade de formar boa comunhão de vida e de amor; sem a maturidade devida ou, ainda, sem a liberdade necessária para contrair matrimônio.

Por isso, atualmente, vários matrimônios, em vez de fazer a felicidade do casal, tornaram sua vida um purgatório e fracassaram. Ninguém casa para viver infeliz. Após a separação, alguns católicos casaram novamente no civil ou entraram em relação de concubinato. Com isso, mergulharam em um estado objetivo e público de pecado. Vivendo nessa situação, eles se sentem mal, choram e sofrem por não ter vida plena na Igreja, por não comungar nem receber o perdão na confissão, e, por conseguinte, muitos se sentem excluídos. Em virtude dessa dura realidade, sentem-se também deslocados e discriminados diante de Deus e da Igreja.

Entretanto, a Igreja Católica é Mãe santa, sábia e misericordiosa. Ela imita Jesus, o Bom Pastor, que busca a ovelha perdida, ferida ou extraviada. Jamais exclui nem marginaliza esses seus filhos, pelo contrário, faz tudo o que pode para ajudar essas ovelhas feridas do rebanho do Senhor.[5]

A Igreja não anula nenhum matrimônio, mas pode declarar nulos aqueles que, do ponto de vista do Direito Canônico, nunca existiram, foram apenas *aparentes*, apesar das lindas cerimônias, das festas grandiosas e dos muitos convidados. Somente esses matrimônios a Igreja declara *nulos*.[6]

Matrimônio aparente é aquele que apenas teve aparência no que diz respeito à celebração em si, mas, na realidade, nunca existiu, segundo as leis canônicas.

---

[5] Cf. Jo 10,11.
[6] Cf. CONDE, M. J. A. *Diritto processuale canonico*. Roma: EDIURCLA, 2006.

É, sobretudo, para socorrer as vítimas desses matrimônios fracassados que a Igreja dispõe de uma gigantesca estrutura jurisdicional, com diversos Tribunais Eclesiásticos, com diferentes composições, competência e jurisdição, a fim de, através de um *processo*, analisar e identificar se eles foram ou não celebrados validamente. Ao identificar alguma causa de nulidade, a Igreja Católica, através de seus Tribunais Eclesiásticos, declara que tal matrimônio foi nulo desde a sua celebração, e, assim, possibilita que essas "ovelhas feridas" retornem ao rebanho do Senhor.

Existem mais de vinte causas que impedem o nascimento de um *matrimônio válido* perante as leis da Igreja Católica. O Código de Direito Canônico apresenta de maneira clara e objetiva as diversas causas de nulidade ou invalidade do matrimônio, que serão devidamente analisadas neste Manual.

A Igreja, que é fiel a Deus e às Sagradas Escrituras, nunca admitiu e jamais admitirá o divórcio. Nenhuma Igreja cristã católica pode aceitar o divórcio, porque ele é frontalmente contrário a Deus e ao Evangelho de Jesus. A esse respeito, o CDC afirma que o *matrimônio válido* é indissolúvel e só a morte o pode dissolver.[7]

1.2 O matrimônio – Aspectos básicos

No CDC, Livro IV (*Do Múnus de Santificar da Igreja*), sob o Título VII (*Do Matrimônio*), dividido em dez capítulos, e composto de cento e onze cânones, encontramos todo o direcionamento da Igreja Católica sobre o matrimônio, isto é, o cerne da legislação sobre o Direito Matrimonial.[8]

Na base de toda a legislação positivo-religiosa sobre o matrimônio está a lei fundamental contida na Bíblia Sagrada e aceita

---
[7] Cf. cân. 1141.
[8] Cf. CONDE, M. J. A. *Diritto processuale canonico*. Roma: EDIURCLA, 2006, p. 600.

pela maioria dos povos: "O homem se unirá à sua mulher e os dois formarão uma só carne",[9] e também a ordem deixada pelo Criador: "crescei e multiplicai-vos",[10] que é, de certa forma, um grito da própria sobrevivência da natureza.

Várias legislações civis e religiosas codificam leis, disciplinando essa instituição primária – o matrimônio – que deu origem à família, célula da sociedade humana. O Código de Direito Canônico legislou sobre essa matéria para os fiéis da Igreja Católica latina, procurando resumir a teoria geral básica referente ao matrimônio.[11] No Livro IV (*Do Múnus de Santificar da Igreja*), sob o Título VII (*Do Matrimônio*), dentro do CDC, está contido o conceito de matrimônio, ressaltando a sua dignidade de sacramento,[12] suas características essenciais[13] e o momento preciso em que ele se dá, isto é, o seu ato constitutivo por meio do livre consentimento.[14]

1.2.1 Conceito

O matrimônio é um consórcio realizado entre um homem e uma mulher para formarem comunhão de vida e de amor, para o bem dos cônjuges e para a geração e educação dos filhos.[15] A primeira finalidade do matrimônio consiste na comunhão de vida, na ajuda mútua, no bem e na felicidade do casal; a segunda finalidade consiste na geração, na cooperação na obra do divino Criador; e a terceira e última finalidade consiste no dever da educação dos filhos, sobretudo religiosa, que a eles cabe em primeiro lugar.[16] Essas são as suas reais finalidades.

---

[9] Gn 2,24; cf. Mt 19,4-6.
[10] Gn 1,28.
[11] Cf. cân. 1055-1062.
[12] Cf. cân. 1055.
[13] Cf. cân. 1056.
[14] Cf. cân. 1056.
[15] Cf. cân. 1055.
[16] Cf. GS, n. 48.

A *Casti Connubii* é uma encíclica, promulgada pelo Papa Pio XI em 31 de dezembro de 1930, que reitera a santidade do matrimônio, proíbe aos católicos o uso de qualquer forma artificial de controle de natalidade e reafirma a proibição do aborto: "O matrimônio é a união do homem e da mulher, e o consórcio de toda a vida, comunicação do direito divino e humano".[17]

1.2.2 Propriedades essenciais

O matrimônio tem duas propriedades essenciais: a unidade e a indissolubilidade.[18]

A *unidade* significa que ninguém pode ter dois ou mais cônjuges, nem ter amantes, nem se divorciar para casar com outrem. Separar-se e casar com outra pessoa quebra a unidade e, por isso, o novo matrimônio é nulo. A unidade exclui por completo a poligamia.

A *indissolubilidade* significa que o matrimônio não pode ser dissolvido nunca, por ninguém, a não ser pela morte de um dos cônjuges.[19]

"Por isso um homem deixa seu pai e sua mãe, se une à sua mulher, e eles se tornam uma só carne."[20] Este texto do livro de Gênesis é considerado a fonte bíblica dessas duas propriedades do matrimônio, pois a afirmação: "eles se tornam uma só carne" expressa claramente o princípio da "unidade", uma vez que já não são dois, mas um só corpo. Assim, como expressa o princípio da "indissolubilidade", pois, se "eles se tornam uma só carne", esse corpo único não pode ser dissolvido, separado pelo divórcio.

---

[17] CC, n. 87.
[18] Cf. cân. 1056.
[19] Cf. cân. 1141.
[20] Gn 2,24.

Como visto, as propriedades essenciais do matrimônio são originárias do texto bíblico, revelado por Deus, o que significa dizer que são normas de direito divino e, portanto, nenhum homem tem o poder de mudá-las, nem mesmo o papa ou um Concílio.

Muitas nações, inclusive o Brasil, aprovaram o divórcio. Para os cristãos, ele não tem valor, é como se não existisse, pois não dissolve o vínculo matrimonial dos católicos. O divórcio se opõe ao plano de Deus. A Igreja o tolera, mas só para fazer valer os direitos civis da parte mais fraca, como os filhos e a mulher, nunca como dissolução do vínculo.

A Bíblia relata a impossibilidade do divórcio desde a criação do homem. Jesus foi radical em não o admitir, porque é contrário ao plano de Deus, que deseja o bem e a felicidade da pessoa humana, bem como de toda a sociedade.

É notório que o divórcio traz muitos estragos não apenas ao casal como, sobretudo, aos filhos. De fato, em muitos países onde aumenta a sua incidência também cresce o número de desajustes na instituição familiar.[21]

Lembre-se sempre disto

A Igreja nunca anula um matrimônio. Ela só pode declarar nulo aquele que, mesmo tendo toda aparência de celebração matrimonial, nunca existiu. Jesus disse: "O que Deus uniu o homem não separe".[22] Mas, o que Deus não uniu, a Igreja pode separar por meio do devido processo de nulidade matrimonial.

---

[21] Cf. AL, n. 33.
[22] Mt 19,4-6.

1.2.3 O ato de nascer do matrimônio – O consentimento

"É o consentimento das partes legitimamente manifestado entre pessoas juridicamente hábeis que faz o matrimônio; esse consentimento não pode ser suprido por nenhum poder humano."[23] Para que um matrimônio seja válido, é preciso que a pessoa queira casar e esteja livre de qualquer tipo de ameaça ao manifestar o seu consentimento. Sem a verdadeira liberdade para decidir se quer ou não se casar, o matrimônio é *nulo*, pois nem chega a nascer.

Quando alguém é coagido a se casar, mesmo que diga "sim", o matrimônio não vale e, como consequência, a Igreja, por meio de um processo, pode declará-lo nulo. Nem pai, nem juiz, nem padre, ninguém pode exigir que uma pessoa abrace a vida matrimonial. Se houver atitudes de ameaças ou coação, o matrimônio será apenas aparente, será nulo.

Da análise da norma estabelecida no cânone anteriormente mencionado, podemos afirmar que o único elemento intrínseco constitutivo do matrimônio é o *consentimento*.[24] Sim, o livre consentimento.

Assim, podemos dizer que o ato de nascer de um matrimônio válido se dá com o consentimento. Mas não de qualquer modo, como nas telenovelas e nos seriados. O consentimento há que ser livre, espontâneo, consciente e de acordo com a lei. Portanto, ele é o elemento essencial do pacto matrimonial.[25]

Os elementos constitutivos do consentimento são três: capacidade, conhecimento e vontade livre. Vejamos cada um deles.

---

[23] Cân. 1057.
[24] Cf. SABBARESE, L. *Il Matrimonio Canonico nell'ordine della natura e della grazia*. Cidade do Vaticano: Urbaniana University Press, 2006.
[25] Cf. ARRIETA, J. I. Comentário ao cân. 1057. In: *Codice di Diritto Canonico e Leggi Complementari Comentato*. Roma: Coletti a San Pietro, 2007.

1.2.3.1 Capacidade

É a faculdade, a possibilidade, de poder prestar o consentimento. Para dar o consentimento válido, a pessoa tem que ter capacidade psíquica para tomar decisões. Daí o cânon em estudo[26] referir-se a "pessoas juridicamente hábeis", o que significa dizer que, para consentir com alguma coisa, a pessoa tem que ter capacidade psíquica para tal e, assim, ser considerada juridicamente capaz.

Portanto, uma criança não é *hábil* para dar o consentimento, porque é incapaz de assumir o matrimônio. Um doente mental ou um viciado (em drogas lícitas ou ilícitas, em jogatinas etc.) também não são hábeis. Essas pessoas, que não possuem capacidade psíquica para tomar decisões, não são consideradas "juridicamente hábeis" para dar um consentimento e, portanto, não podem contrair o matrimônio válido.

1.2.3.2 Conhecimento

É o discernimento prévio do objeto ao qual se vai dar o consentimento, pois não se pode concordar com aquilo que você não conhece. Para dar o seu consentimento ao matrimônio, a pessoa deve ter consciência sobre a realidade desse sacramento.

É primordial que quem deseja se casar tenha pleno conhecimento de que o matrimônio é um pacto sagrado realizado perante Deus, entre um homem e uma mulher, para formarem comunhão de vida e amor, para o bem dos cônjuges e para a geração e criação dos filhos que advirem. (Dessa forma, é inconcebível pensar na união matrimonial de duas pessoas do mesmo sexo, como propõe a ideologia de gênero.)[27] E, mais, a pessoa, para se casar,

---

[26] Cf. cân. 1057.
[27] Às vezes, é confundida com orientação sexual, que são duas coisas diferentes: a ideologia de gênero é mais ampla, pois não conhece limitação e suas definições podem ser mudadas quando bem aprouver ao indivíduo, o que supera a concepção de assexual, homossexual, bissexual e pansexual, que são orientações sexuais bem definidas.

tem que ter plena consciência sobre as propriedades essenciais do matrimônio.[28] Deve saber que não pode ter mais de um cônjuge (unidade) nem pode se divorciar para se casar com outrem (indissolubilidade).

O conhecimento, portanto, é um dos elementos intrínsecos do consentimento, visto que as partes, para dar o seu "sim" validamente, não podem ignorar a doutrina elementar sobre o matrimônio, sob pena de contrair um ato inválido perante a Igreja.

1.2.3.3 Vontade livre

É a manifestação espontânea, natural, livre de qualquer influência interior (medo) ou exterior (coação, ameaça). A expressão "consentimento legitimamente manifestado", que consta no cânon em análise,[29] significa exatamente isso, que a manifestação de vontade tem que ser "legítima", de acordo com a lei civil e a lei da Igreja. O consentimento não pode ser fruto de nenhuma coação física ou moral, nem de medo ou ameaça.

"O consentimento matrimonial – na definição do CDC – é o ato de vontade pelo qual um homem e uma mulher, por aliança irrevogável, se entregam e se recebem mutuamente para constituir o matrimônio."[30]

Como visto, o consentimento é ato de vontade de quem deseja contrair o matrimônio. Somente o homem e a mulher que desejam constituir entre si uma aliança irrevogável através desse sacramento é que podem dar mutuamente o *consentimento*.

Tamanha é a importância e a singularidade do consentimento para o nascimento válido do matrimônio, que ele – o consentimento – "não pode ser suprido por nenhum poder humano",[31]

---

[28] Cf. cân. 1056.
[29] Cf. cân. 1057.
[30] Cân. 1057, § 2.
[31] Cân. 1057, § 1.

nem dos pais dos nubentes, nem por autoridade judiciária, nem pelo papa, suprema autoridade da Igreja. Portanto, somente a pessoa que deseja contrair matrimônio é que pode dar o seu consentimento.

Em resumo, pode-se afirmar que o matrimônio nasce com o consentimento dado por pessoa capaz (capacidade psíquica e jurídica), de forma consciente (com conhecimento da realidade matrimonial) e espontânea (manifestação legítima da vontade, livre de qualquer influência).

Existem diversas situações que levam à nulidade do consentimento e, por consequência, podem resultar na realização de um matrimônio nulo. Esses fatores são os chamados *Vícios do consentimento*, que serão oportunamente analisados no 2º capítulo deste Manual.

1.2.4 Tipos de matrimônio

O matrimônio, segundo o Direito Canônico, pode ser: válido, inválido ou nulo.

Matrimônio válido é aquele que foi realizado sem a ocorrência de nenhum dos impedimentos ou dos vícios do consentimento – ainda que desconhecidos – e sem qualquer defeito na forma prescrita pela Igreja para a sua realização.

Portanto, o matrimônio válido é aquele realizado rigorosamente de acordo com as leis divinas e da Igreja Católica.

Lembremo-nos do que já foi registrado anteriormente: pela propriedade essencial da indissolubilidade, por ser norma de direito divino, o matrimônio válido não pode ser dissolvido enquanto os cônjuges forem vivos, e isso não pode ser mudado pelo homem. Portanto, como já dito, nenhuma autoridade eclesiástica, nem mesmo o papa, pode anular um matrimônio válido.

Matrimônio inválido, também chamado "putativo", é aquele que foi celebrado de boa-fé, ao menos por um dos cônjuges, enquanto as partes não se certificarem de sua nulidade.[32]

O matrimônio inválido é aquele contraído em desrespeito às leis eclesiásticas.[33] Esses matrimônios podem ser convalidados pelo decurso do tempo e pela dispensa dos impedimentos mediante autoridade competente da Igreja.

Matrimônio nulo é o que foi contraído em desobediência às leis naturais ou em desacordo com a vontade de uma ou de ambas as partes contraentes. Nesses casos, são considerados como inexistentes e, por essa razão, não podem ser convalidados, porque nem sequer chegaram a nascer. De fato, no Direito Canônico não existe nenhum recurso para convalidar um matrimônio que seja nulo.

É necessário estabelecer com clareza que na Igreja não existe divórcio e muito menos anulação[34] de matrimônio, mas apenas a possibilidade da declaração oficial de que tal matrimônio nunca existiu. É fundamentado exatamente nesse princípio que o Tribunal Eclesiástico atua, buscando, por meio de um processo canônico, determinar a existência ou não de um matrimônio, sem jamais ter a intenção de dissolver um matrimônio válido.

1.2.5 Presunção de validade

Na perspectiva do CDC, o "matrimônio goza do favor do direito; portanto, em caso de dúvida, deve-se acreditar na validade do matrimônio, enquanto não se prova o contrário".[35]

---

[32] Cf. cân. 1061, § 3.
[33] Impedimentos dispensáveis, incapacidades passageiras ou exclusão de elementos essenciais do matrimônio.
[34] FERREIRA, Aurélio Buarque de Holanda. Anulação e nulidade. In: *Dicionário Aurélio de Língua Portuguesa*. Curitiba: Positivo, 2010. "Nulidade: estado ou qualidade de nulo; [...] estado ou condição de um ato ou negócio jurídico, que, em razão de vício que o contamina, tornou-se inválido, deixando de produzir os efeitos que lhe são próprios." "Anulação: ato ou efeito de anular, tornar nulo, invalidar; [...] reduzir a nada; destruir, aniquilar [...]."
[35] Cân. 1060.

A Igreja Católica tem obrigação de defender a instituição do matrimônio, daí a importância deste cânon que afirma, em outras palavras, que, uma vez celebrado o matrimônio, este se presume válido. Assim, diz-se que esse sacramento goza do "favor do direito". Isso significa que o Direito da Igreja deve estar sempre a favor do matrimônio.[36]

Sendo assim, todos os matrimônios são considerados válidos até que se prove que foram nulos. A prova da nulidade é impreterivelmente imposta pela sentença do Tribunal Eclesiástico. Só os tribunais da Igreja, por sentença, podem dizer se algum matrimônio é nulo.

O julgamento em causa própria não vale, é mera opinião, sem nenhum valor. O Processo Canônico é indispensável para reconhecer a nulidade ou não de um matrimônio.

---

[36] Cf. SABBARESE, L. *Il Matrimonio Canonico nell'ordine della natura e della grazia*. Cidade do Vaticano: Urbaniana University Press, 2006.

CAPÍTULO 2

Nulidades do matrimônio

2.1 Espécies de nulidade matrimonial

Existem mais de vinte causas de nulidade matrimonial. Quando uma delas atinge um matrimônio, ele é considerado nulo. Essas causas podem ocorrer e são classificadas em três tipos: impedimentos dirimentes, vícios de consentimento e defeitos de forma canônica.

Impedimentos dirimentes: são leis da Igreja que impedem ou proíbem o matrimônio das pessoas em determinadas situações. Quando alguém casa violando uma delas, o matrimônio é nulo.

Vícios de consentimento: são falhas na mente, defeitos da capacidade psíquica do conhecimento sobre algo e da livre manifestação da vontade em querer, ou não, esse algo. Podemos considerar vícios do consentimento: contrair matrimônio bêbado, drogado, contra sua vontade, disposto a divorciar-se etc.

Defeitos de forma: é a falta de observação ou o descumprimento da forma, isto é, da ritualística prevista pela Igreja para a celebração de um matrimônio. Para realizar uma união matrimonial, é preciso seguir o ritual da Igreja, dizer as palavras sacramentais próprias e que o ministro tenha o poder de assistir esse sacramento. Não é qualquer um que pode "fazer" um matrimônio, assim como não é qualquer um que pode fazer uma escritura válida ou assinar validamente um cheque, por exemplo.

Analisemos, a seguir, cada um dos tipos de impedimentos que compõem cada uma dessas modalidades.

2.1.1 Os impedimentos dirimentes

Impedimentos dirimentes são leis divinas, naturais ou eclesiásticas que impedem o surgimento de um matrimônio válido. Esses impedimentos também são chamados comumente de "impedimentos matrimoniais".

"Dirimir" significa impedir, obstruir, tornar nulo, inabilitar etc.; portanto, "O impedimento dirimente torna a pessoa inábil para contrair validamente o matrimônio".[1]

Os impedimentos que têm origem nas leis divinas são chamados de "impedimentos de direito divino". São eles: o vínculo e a impotência. Esses não podem ser dispensados nem mesmo pela autoridade suprema da Igreja – o papa.

Os impedimentos de Direito eclesiástico são os estabelecidos pela própria Igreja e podem ser dispensados, por causa justa.[2]

A dispensa dos impedimentos eclesiásticos é comumente dada pelo bispo diocesano,[3] salvo os impedimentos reservados à Santa Sé, que são os de ordens sagradas, os de voto público perpétuo de castidade e os de crime.[4]

Analisemos, a seguir, cada um dos tipos de impedimentos que compõem cada uma dessas modalidades.

São doze os impedimentos matrimoniais. Façamos uma breve leitura de cada um deles.

2.1.1.1 Impedimento de idade

O primeiro impedimento matrimonial é o de idade. "O homem antes dos dezesseis anos completos e a mulher antes dos catorze também completos não podem contrair matrimônio válido."[5]

---

[1] Cân. 1073.
[2] Cf. cân. 90.
[3] Também podem conceder dispensa dos impedimentos as autoridades eclesiásticas, pelo Direito, equiparadas ao bispo (cf. cân. 381, § 2), assim como o vigário-geral e o vigário episcopal (cf. cân. 134, §§ 1 e 2).
[4] Cf. cân. 1078, § 2, 1º e 2º.
[5] Cân. 1083.

A Igreja, por esta norma, presume que o rapaz com dezesseis (16) anos e a moça com catorze (14) anos já tenham capacidade de entender o que é o matrimônio e que sejam capazes de assumi-lo na prática. Essa é a presunção, mas admite prova em contrário. Se for provado que eles não tinham maturidade ou capacidade suficiente para assumir esse matrimônio, ele pode ser declarado nulo. "Presumir" significa acreditar que eles tenham a devida maturidade. Mas, se depois for provado que não a tinham, o matrimônio poderá ser declarado nulo. Essa é uma das causas mais frequentes que chegam ao Tribunal.

Todos sabem que a maturidade de dois jovens tão novos não é a mesma de pessoas adultas, pois ela vai se desenvolvendo com a idade. Para o matrimônio ser válido, basta que eles sejam capazes de assumir essa união com seus deveres essenciais.

A lei civil brasileira estabelece que a idade mínima para se casar é de dezesseis anos, tanto para o homem como para a mulher, desde que autorizados pelos pais, pois ainda não atingiram a maioridade (dezoito anos).[6]

A Conferência Nacional dos Bispos do Brasil (CNBB), com base no CDC,[7] permite às Conferências Episcopais estabelecer idade superior à prevista tanto no Código antigo (1917) quanto no moderno (1983), que não acataram a lei civil brasileira, a qual exige para se casar a idade mínima de dezesseis (16) anos, tanto para homens como para mulheres, e a referida lei anteriormente mencionada estabeleceu como idade mínima para se casar dezoito (18) anos para os homens e dezesseis (16) anos para as mulheres, estabelecendo, por seu turno, idade diferente da prevista pelo CDC, conforme já referido anteriormente.

---

[6] Cf. BRASIL. *Código Civil Brasileiro*. Lei n. 10.406, de 10 de janeiro de 2002. Art. 1517. Disponível em: http://www.planalto.gov.br/ccivil_03/leis/2002/l10406compilada.htm. Acesso em: 4 maio 2020.

[7] Cf. cân. 1083, § 2: "Compete à Conferência dos Bispos estabelecer uma idade superior para a celebração lícita do matrimônio".

A CNBB, seguindo a orientação pastoral da Igreja, pede aos padres para dissuadirem de se casar os rapazes antes dos dezoito (18) e as moças antes dos dezesseis (16) anos. Mas, se houver motivos graves e justos, e se os dois tiverem boa maturidade, o bispo pode autorizar o matrimônio, aos dezesseis (16) para os homens e aos catorze (14) anos para as mulheres, pois esse é um impedimento de Direito eclesiástico, e, portanto, passível de dispensa, levando em consideração também o fator cultural que pode influenciar no desenvolvimento da maturidade – que não está ligada necessariamente a um fator biológico-cronológico – das crianças e jovens, contudo, depende da avaliação final do bispo.

Sabemos que existem pessoas acima dos dezoito (18) anos que não têm a maturidade necessária para assumir os deveres matrimoniais. É imaturo o homem que age como se fosse solteiro: namora outras mulheres, volta tarde da noite sem justo motivo, não compartilha a vida com a esposa, não se preocupa em sustentar a casa e os filhos, e coisas semelhantes. Isso vale também para a mulher. Os matrimônios realizados em tais circunstâncias são nulos.

2.1.1.2 Impedimento de impotência

A impotência é a incapacidade para realizar o ato sexual completo e natural. Assim se refere o CDC: "A impotência para copular, antecedente e perpétua, absoluta ou relativa, por parte do homem ou da mulher, dirime o matrimônio por sua própria natureza".[8]

É claro que o ato sexual não é tudo, mas a impotência sexual torna inválido o matrimônio,[9] pois esse sacramento está ordenado

---

[8] Cf. cân. 1072.
[9] Cf. SABBARESE, L. *Il Matrimonio Canonico nell'ordine della natura e della grazia.* Cidade do Vaticano: Urbaniana University Press, 2006.

ao bem e à felicidade dos cônjuges e à procriação dos filhos e à educação deles, como já vimos no CDC.[10]

Desde já observemos que esse impedimento é de direito divino-natural, pois é da natureza do matrimônio a geração dos filhos. Portanto, é um impedimento que, absolutamente, não pode ser dispensado por nenhuma autoridade eclesiástica.

A impotência pode provir de causas físicas ou psíquicas. E a de que trata esse impedimento é a impossibilidade de realizar o ato sexual de maneira natural, e não a incapacidade de gerar filhos, pois essa se denomina *esterilidade*.

A impotência pode ser ainda absoluta ou relativa.

É *absoluta* quando a pessoa é incapaz de realizar o ato sexual com qualquer pessoa do outro sexo; é *relativa* se a incapacidade é só com determinada pessoa. Em ambos os casos, o matrimônio é nulo. Para que seja considerada um impedimento matrimonial, a impotência deve ser: certa, antecedente e perpétua. É *certa* quando não resta nenhuma sombra de dúvida de que a pessoa é ou não impotente; deve ser *antecedente ao matrimônio*; e *perpétua*, quando for para a vida toda, vale dizer: quando for incurável.

Às vezes, a medicina resolve casos de impotência com tratamento ou pequena cirurgia. Mas, se não resolvê-la, o matrimônio pode ser declarado nulo, pois igualmente, como prevê o cânon anteriormente transcrito,[11] o que gera o impedimento é a impotência perpétua, que não tem cura. Se, porém, a impotência vier depois da união matrimonial, não a invalida, pois o matrimônio válido é indissolúvel, e nada o pode dissolver, a não ser a morte.[12]

Uma pessoa pode sofrer um acidente e tornar-se paraplégica, paralítica e impotente de realizar o ato conjugal; nesses casos,

---

[10] Cf. cân. 1055.
[11] Cf. cân. 1084, § 1.
[12] Cf. cân. 1141.

o matrimônio continua válido, pois a impotência que gera o impedimento, como bem explicitado no cânon em análise, é a impotência anterior ao pacto matrimonial.

É importante destacar que a impotência provinda da velhice não invalida o matrimônio, pois ela é natural, isto é, mesmo impotente, um idoso pode contrair matrimônio válido.

2.1.1.3 Impedimento de vínculo matrimonial

O vínculo matrimonial é o terceiro dos impedimentos matrimoniais. Assim diz o CDC: "Atenta invalidamente o matrimônio quem já está ligado por vínculo de matrimônio anterior, mesmo que este matrimônio não tenha sido consumado".[13]

A primeira observação a ser feita a respeito do impedimento do vínculo matrimonial é que este preceito é de direito divino, pois o próprio Cristo Jesus disse: "Portanto, o que Deus uniu o homem não deve separar".[14] A segunda é que, por ser um impedimento de direito divino, não é passível de dispensa, nem mesmo pelo papa. Quem já está casado na Igreja e se casar de novo com outrem terá seu matrimônio considerado nulo, por força do vínculo matrimonial anterior. Alguém pode mentir e enganar o padre, as pessoas, mas a Deus ninguém engana. O vínculo matrimonial somente se dissolve pela morte de um dos cônjuges, ou por um processo, quando se trata somente de um matrimônio aparente, para o qual é emitida uma declaração de nulidade matrimonial concedida pelos Tribunais Eclesiásticos.

O divórcio civil não dissolve o matrimônio religioso. O divorciado que casa ou se junta com outrem comete adultério, e a Igreja, apoiada na Sagrada Escritura, compreende que o adultério é pecado muito grave.

---

[13] Cân. 1085, § 1.
[14] Mt 19,6.

2.1.1.4 Impedimento de disparidade de culto

O quarto dos impedimentos matrimoniais é o de disparidade de culto, que está previsto no CDC com a seguinte dicção: "É inválido o matrimônio realizado entre duas pessoas, das quais uma foi batizada na Igreja Católica ou nela recebida e a outra não é batizada".[15] Esclareça-se que somente pacto matrimonial entre uma pessoa católica e outra não batizada é nulo. É válido, porém, o matrimônio realizado entre duas pessoas cristãs, embora uma seja católica e a outra de diferente denominação cristã (ex.: luterana, pentecostal, presbiteriana, batista etc.).

Podemos citar como exemplos de não batizados: os judeus, muçulmanos, budistas, espíritas, umbandistas, testemunhas de Jeová, dentre outros.

Importante salientar que a disparidade de culto[16] é um impedimento matrimonial de natureza eclesiástica, sendo, portanto, cabível a dispensa, pelo bispo diocesano, desse impedimento,[17] desde que cumpridas algumas exigências.[18]

Sabemos que a religião tem peso enorme na comunhão de vida e de amor do casal. A diferença de religião, muitas vezes, causa desastres na vida do casal e na educação dos filhos. Certas igrejas, mesmo cristãs, combatem a Igreja Católica, quebram estátuas, destroem imagens, ofendem a Mãe de Jesus, enfim, desprezam seus valores. Nesses casos, a família, em vez de se tornar um lugar de amor, respeito e paz, pode tornar-se um purgatório. Existem, porém, pessoas equilibradas que respeitam a religião do outro e vivem o ecumenismo.

---

[15] Cân. 1086.
[16] Cf. SABBARESE, L. *Il Matrimonio Canonico nell'ordine della natura e della grazia*. Cidade do Vaticano: Urbaniana University Press, 2006.
[17] Cf. cân. 1086, § 2.
[18] Essas "exigências" estão contidas nos cân. 1125 e 1126.

É importante entender que a Igreja Católica não proíbe, de forma absoluta, o matrimônio entre uma pessoa cristã e outra não cristã ou de outra denominação cristã, pois todos têm direito a esse sacramento e a escolha de cada um é respeitada pela Igreja. Porém, para evitar os infortúnios resultantes da disparidade de culto, a Igreja exige que os nubentes passem por um processo de formação especial e que tenham licença do bispo. A formação especial é para que os casais tomem consciência dos graves riscos e dificuldades que poderão ocorrer e para que estejam preparados para superá-las eficazmente. Sem licença do bispo, o matrimônio é válido, porém ilícito, e deve ser evitado. Só é inválida a união matrimonial de um católico com uma pessoa não batizada sem a dispensa episcopal.

2.1.1.5 Impedimento de ordens sagradas

O quinto dos impedimentos matrimoniais é o de ordens sagradas, previsto no CDC, que assim prescreve: "Tentam invalidamente o matrimônio os que receberam as ordens sagradas".[19]

As ordens sagradas são: o diaconato (diáconos), o presbiterado (padres) e o episcopado (bispos). Os diáconos permanentes, a princípio, não estão sujeitos à lei do celibato, pois podem ser casados. Entretanto, se enviuvarem, não poderão contrair novo matrimônio, pelo impedimento da ordem sagrada.[20]

Esse impedimento está fundamentado no celibato,[21] que é exigido, posto que necessário, para que os clérigos possam dedicar

---

[19] Cân. 1087.
[20] Cf. SABBARESE, L. *Il Matrimonio Canonico nell'ordine della natura e della grazia*. Cidade do Vaticano: Urbaniana University Press, 2006.
[21] Cf. VEIGA, Edison. Quando e por que a Igreja Católica passou a impor o celibato aos padres. *BBC NEWS BRASIL*. Disponível em: https://www.bbc.com/portuguese/internacional-45489668. Acesso em: 1º fev. 2021. "O celibato sacerdotal é uma condição de oferta total da pessoa ao serviço de Deus e da comunidade. Vincula-se à vocação virginal, mas não se identifica totalmente com ela. Religiosos que não exercem a função sacerdotal também podem manter a vocação virginal por um compromisso ou voto. Pessoas casadas – que, portanto, não podem ser celibatárias – podem assumir em certo momento da vida um voto virginal, mantendo-se unidas mas sem ter mais relações sexuais."

a sua vida a servir a Cristo e à Igreja.[22] Esse impedimento é de Direito eclesiástico, sendo, portanto, passível de dispensa. Entretanto, a sua dispensa está reservada à Santa Sé,[23] pois somente o papa pode concedê-la. Por esse motivo, é classificado como sendo um impedimento de Direito pontifício.

Esclareça-se, por oportuno, que a dispensa que se concede não é propriamente uma dispensa do impedimento de ordens sagradas; o que o papa concede é a dispensa do celibato, o que resulta na destituição do estado clerical. Melhor esclarecendo, como se diz popularmente, o clérigo tem que "deixar a batina" para poder contrair matrimônio válido.

2.1.1.6 Impedimento de voto de castidade

Este é o sexto dos impedimentos matrimoniais. Está previsto no CDC, que tem a seguinte norma: "Atentam invalidamente o matrimônio os que estão ligados por voto público perpétuo de castidade num instituto religioso".[24]

Esse impedimento de voto de castidade, também chamado de *voto religioso*, se aplica aos religiosos e freiras que proferiram votos públicos e perpétuos de castidade em um instituto religioso.

Portanto, são três as condições exigidas para que ocorra esse impedimento de voto de castidade: a) que o voto seja *público*; que o voto seja *perpétuo*; c) que o voto tenha sido proferido em um instituto religioso.

O voto público temporário não anula o matrimônio, mas o torna ilícito; o voto particular não causa a sua nulidade, mas o torna ilícito; igualmente, a promessa de castidade não o anula, mas o torna ilícito.

---

[22] Cf. cân. 277.
[23] Cf. cân. 1078, § 2, 1º.
[24] Cân. 1088.

É somente o voto perpétuo e público de castidade feito em um instituto religioso que invalida o matrimônio.

Esse impedimento tem fundamento no voto feito pelo religioso de uma doação plena de sua vida a Deus e da consagração a Cristo, mediante voto de castidade.

Trata-se de um impedimento de Direito eclesiástico, podendo ser concedida a sua dispensa. Entretanto, a exemplo do impedimento de ordens sagradas, a dispensa está reservada à Santa Sé,[25] pois somente o papa pode conceder a dispensa desse impedimento, que também é classificado como um impedimento de Direito pontifício.

Esclareça-se, igualmente, que a dispensa que se concede não é propriamente a do impedimento de voto de castidade, mas, sim, o próprio voto de castidade, o que ocasiona a perda do estado religioso.

2.1.1.7 Impedimento de rapto

O rapto é o sétimo dos impedimentos matrimoniais e está previsto no CDC,[26] que afirma, em síntese, que se uma mulher for raptada, ou retida violentamente, para fins de pacto matrimonial, entre ela e o raptor não pode existir matrimônio válido, porque a pessoa raptada se torna inábil para contraí-lo.[27] "Raptar" significa sequestrar. Parece até absurdo, mas, atualmente, ainda acontece. Não é considerado rapto se os dois combinam a fuga e depois se casam.

O impedimento de rapto prevê duas situações: a primeira, quando a mulher é raptada violentamente, contra a sua vontade; a

---

[25] Cf. cân. 1078, § 2, 1º.
[26] Cf. cân. 1089.
[27] Cf. SABBARESE, L. *Il Matrimonio Canonico nell'ordine della natura e della grazia*. Cidade do Vaticano: Urbaniana University Press, 2006.

segunda, quando ela vai voluntariamente até onde está o homem e este a mantém em cárcere privado, não permitindo que saia. Neste caso, o homem, para o Direito Canônico, é considerado também raptor.

O impedimento de rapto tem fundamento na manifestação da vontade que deve ser exercida, livremente, por todos ao dar o seu consentimento ao matrimônio. Ora, supõe-se que, quem foi raptado violentamente ou retido em determinado lugar, contra sua vontade, mesmo que concorde com o pacto matrimonial, tenha seu consentimento viciado, porque pode ter sido fruto de uma violência física ou moral.

Embora esse impedimento seja de Direito eclesiástico, não é passível de dispensa. Não se concede a dispensa nem o matrimônio pode ser realizado enquanto a mulher não for colocada em lugar seguro, a salvo da pressão do raptor. E assim, estando a mulher livre, não existe mais rapto, e, portanto, acaba o impedimento. Essa mesma norma se aplica também ao sexo masculino.

2.1.1.8 Impedimento de assassinato de cônjuge

Esta é a norma do CDC que trata do oitavo impedimento matrimonial – o de assassinato de cônjuge ou de crime: "Quem, com o intuito de contrair matrimônio com determinada pessoa, tiver causado a morte do cônjuge desta ou do próprio cônjuge, atenta invalidamente este matrimônio".[28] Este fato torna inábil para a celebração o autor do delito.[29]

O impedimento de crime envolve três situações: a primeira, quando é o próprio cônjuge que mata o outro; a segunda, quando

---

[28] Cân. 1090.
[29] Cf. SABBARESE, L. *Il Matrimonio Canonico nell'ordine della natura e della grazia*. Cidade do Vaticano: Urbaniana University Press, 2006.

é um terceiro que mata um cônjuge, a fim de casar com o outro; a terceira, quando os dois que pretendem casar-se resolvem de comum acordo matar o outro cônjuge.

Entretanto, se alguém matou, mas sem intenção de se casar com o sobrevivente, e depois contrair matrimônio, ele é válido, porque o assassinato não se deu de maneira intencional à união matrimonial. Se, porém, os dois colaboraram para matar o cônjuge de um deles, mesmo sem pensar em casar entre si depois, e depois se casarem, esse pacto matrimonial é nulo.

O fundamento desse impedimento está no respeito, na dignidade e na moral do ser humano, e na essência sacramental do matrimônio, pois, se tal fosse válido, seria como permitir a sua profanação.

Esse é um impedimento de Direito eclesiástico, sendo possível ocorrer a dispensa, que está reservada à Santa Sé. Entretanto, matar o próprio cônjuge ou o cônjuge do outrem para se casar é um fato tão grave e revoltante que quase nunca o papa dispensa desse impedimento.

Antes de apresentarmos os demais casos de impedimento matrimonial, informamos que os próximos impedimentos têm em comum o parentesco, em suas diversas formas, e, exatamente por isso, são também denominados de "impedimentos de parentesco". Vejamos os quatro a seguir.

2.1.1.9 Impedimento de parentesco por consanguinidade

O impedimento de parentesco por consanguinidade[30] está previsto no CDC,[31] que diz, em síntese: "Na linha reta de consanguinidade, é nulo o matrimônio entre todos os ascendentes e

---
[30] Ibid.
[31] Cf. cân. 1091.

descendentes, tanto legítimos como naturais".[32] "Na linha colateral, é nulo o matrimônio até o 4º grau, inclusive."[33]

O nono dos impedimentos matrimoniais é o impedimento de parentesco por consanguinidade, que traz alguns termos que precisam ser explicados para que haja melhor entendimento.

O parentesco em *linha reta* é a ligação que existe entre um grupo de pessoas que procedem de um tronco comum. Ocorre na *linha ascendente* (pai, avô, bisavô etc.) e na *linha descendente* (filho, neto, bisneto etc.). O matrimônio de pai com filha, avô com neta etc. é sempre nulo.

O parentesco em linha colateral é a ligação que se dá entre um grupo de pessoas que, embora provenham de um tronco comum, não procedem umas das outras. É o caso dos irmãos, tios, primos etc.

Na linha colateral, é sempre nulo o matrimônio de irmãos, tios ou de primos até o 4º grau. No Direito Canônico, os graus não se contam como no Direito civil nem como o povo conta. A contagem dos graus se rege pelo CDC, que diz: "Em linha reta, tantos são os graus quantas as gerações, ou as pessoas, omitido o tronco".[34]

Tronco comum é a pessoa (pai ou mãe), ou pessoas (os pais, o casal), da qual procedem, por consanguinidade, as gerações.

> **Exemplos de graus de parentesco**
> Irmão e irmã = 2º grau.
> Tia e sobrinho = 3º grau.
> Primos filhos de irmãos = 4º grau.

---
[32] Cân. 1091, § 1.
[33] Cân. 1091, § 2.
[34] Cân. 108, § 2.

Esse impedimento de parentesco por consanguinidade tem sua fundamentação na salvaguarda da estrutura familiar, da moral familiar e da sua função como base da sociedade e de dar continuidade às gerações. Entra, nesse sentido, também o aspecto biológico e genético de má-formação da prole, que facilmente ocorre entre os consanguíneos, pois deve-se evitar defeitos congênitos nas futuras gerações.

O impedimento de parentesco por consanguinidade tem duas naturezas. Entre os ascendentes e descendentes em linha reta (pai e filha, avô e neta) e entre irmãos (parentes na linha colateral) é considerado impedimento de direito divino-natural, não sendo, portanto, passível de dispensa. Já para os demais casos de parentesco na linha colateral, é impedimento de Direito eclesiástico, sendo possível a dispensa reservada ao bispo diocesano. O que não quer dizer que sempre seja concedida; vai depender de cada caso.

2.1.1.10 Impedimento de parentesco por afinidade

O décimo impedimento matrimonial é o de parentesco por afinidade e está previsto no CDC, que diz o seguinte: "A afinidade em linha reta torna nulo o matrimônio em qualquer grau".[35]

Afinidade é o parentesco jurídico – e não de sangue. Ela é o parentesco originado de um pacto matrimonial válido. É o vínculo existente entre o marido e os consanguíneos da mulher e entre a mulher e os consanguíneos do marido.[36]

Exemplos de parentesco por afinidade em linha reta: sogra e genro, nora e sogro, padrasto e enteada, enteado e madrasta. Existem outros parentescos afins, como os cunhados, mas estes

---

[35] Cân. 1092.
[36] Cf. cân. 109, § 1.

são parentes afins na linha colateral. No caso do impedimento em estudo, somente o parentesco por afinidade em linha reta é que torna nulo o matrimônio.

Entre o esposo (seja ele padrasto ou não) e a filha de sua esposa, mas que não é filha sua (seja esta enteada ou não), existe um parentesco por afinidade em linha reta. É como se o esposo fosse um pai por afinidade da filha de sua esposa. Se este ficar viúvo e se casar com a filha da esposa falecida (seja esta enteada sua ou não), essa união matrimonial é nula. Isso vale para a madrasta. Igualmente é nulo se a viúva (madrasta) se casar com um enteado, filho do marido falecido. Também é nulo se ele se casar com a mãe da viúva.

O fundamento de impedimento está na proteção das relações de afeto e respeito que surgem com a aproximação das famílias e para manter a integridade da vida familiar, livre de qualquer abalo moral.

Esse impedimento de parentesco por afinidade é perpétuo, pois nem o divórcio civil nem a morte o faz cessar. Aliás, é justamente com a morte de um dos cônjuges que ele tem mais aplicabilidade. Entretanto, é um impedimento de Direito eclesiástico, não reservado à Santa Sé, cabendo, portanto, a dispensa, que pode ser concedida pelo bispo diocesano.

2.1.1.11 Impedimento de honestidade pública

Conforme as disposições do CDC,[37] o impedimento de honestidade pública torna nulo o matrimônio no 1º grau da linha reta entre o homem e os consanguíneos da mulher e vice-versa.

Este décimo primeiro dos impedimentos matrimoniais é o de pública honestidade, que se origina de um matrimônio inválido,

---

[37] Cf. cân. 1093.

depois de instaurada a vida em comum, ou de uma relação de "amasiamento" ou concubinato público e notório.

As regras são as mesmas da afinidade que vimos anteriormente. Se o viúvo (amásio) se casar com a mãe ou a filha da falecida mulher (amásia), o pacto matrimonial é inválido.

O fundamento também é o mesmo do impedimento de parentesco por afinidade, pois, embora o impedimento de honestidade pública entre os consanguíneos tenha origem em um matrimônio inválido ou em uma relação espúria de "amasiamento", as relações de afeto são as mesmas, devendo a integridade da vida familiar ficar a salvo de qualquer abalo moral na convivência social.

O impedimento de honestidade pública também é perpétuo e não cessa com a morte de um dos cônjuges ou concubinos, tampouco cessando o fato que lhe deu causa (como a separação de fato do casal). Por outro lado, é um impedimento de Direito eclesiástico, sendo passível de dispensa, de competência do bispo diocesano.

2.1.1.12 Impedimento de parentesco legal (adoção)

O último dos impedimentos matrimoniais é o de parentesco legal,[38] originado da adoção. Está previsto no CDC, que em síntese diz: "Na linha reta e no 2º grau da linha colateral, de parentesco legal, provindo de adoção, o matrimônio é inválido".

Portanto, é inválido o matrimônio contraído entre pai e filha adotiva e entre mãe e filho adotivo. Da mesma forma, é inválida também a união matrimonial entre irmã e irmão adotivos.

O fundamento desse impedimento é o mesmo do impedimento de parentesco por consanguinidade, pois o que está em jogo é a

---

[38] Cf. SABBARESE, L. *Il Matrimonio Canonico nell'ordine della natura e della grazia*. Cidade do Vaticano: Urbaniana University Press, 2006, p. 79. Cf. cân. 1094.

proteção da estrutura e da moral familiar. Além do mais, hoje, na legislação civil brasileira, não existe nenhuma diferença entre o filho natural e o adotivo.

É um impedimento de Direito eclesiástico, não sendo sua dispensa reservada à Santa Sé, podendo ser concedida pelo bispo diocesano.

2.1.2 Os vícios de consentimento

Para tratarmos do tema intitulado "os vícios de consentimento" é necessário relembrar e termos em mente o que falamos anteriormente sobre o ato de nascer do matrimônio e o consentimento.[39] Afirmamos que o que faz o matrimônio válido é o consentimento, mas que não é um consentimento qualquer nem o que se vê em novelas.

Relembremos, igualmente, os três elementos constitutivos do consentimento: conhecimento, capacidade e vontade livre.[40]

Esses três elementos são chamados de "constitutivos", porque constituem a essência do consentimento; isto quer dizer que o consentimento somente será válido se apresentar esses "três elementos" ao mesmo tempo. A falta de um deles torna inválido o consentimento.

Portanto, o consentimento só é verdadeiro se provém de ato livre e espontâneo (vontade livre), conscientemente deliberado (conhecimento), manifestado por pessoas hábeis (capacidade) e aceito por uma autoridade em nome da Igreja. Em outras palavras, o matrimônio só é válido quando a pessoa realiza um verdadeiro ato humano, um ato livre de qualquer condicionamento que lhe deteriore a liberdade.

---
[39] Ver tópico 1.2.3 (*O ato de nascer do matrimônio – O consentimento*) deste Manual.
[40] Ver tópicos 1.2.3.1 (*Capacidade*), 1.2.3.2 (*Conhecimento*) e 1.2.3.3 (*Vontade livre*) deste Manual.

Entretanto, sabemos que, como ato humano que é, o consentimento pode sofrer influências, internas e externas, que afetam um ou mais de seus elementos constitutivos. Quando isso ocorre, dizemos que ocorreu um vício do consentimento.

O CDC apresenta diversas hipóteses de vícios de consentimento, as quais passaremos a analisar.

2.1.2.1 Falta do uso da razão

Pela leitura que se faz do CDC, "São incapazes de contrair matrimônio os que não têm suficiente uso da razão".[41] O primeiro vício do consentimento trata de um grupo de pessoas que não podem dar o consentimento válido por não ter um dos elementos do consentimento, que é a capacidade psíquica para decidir.

É o que a doutrina canônica chama de "falta de inteligência teórica", que se dá quando não houve um desenvolvimento suficiente do intelecto, da razão.[42]

Nesse grupo de pessoas estão: crianças, deficientes mentais, dementes, bêbados, drogados, hipnotizados; os que se encontram sob o efeito de fortes sedativos, de forte comoção ou logo após um ataque epilético; os atingidos por graves psicoses ou neuroses. Todos são incapazes de realizar um verdadeiro ato humano, por lhes faltar a capacidade (psíquica) de dar o consentimento, e, por isso, são incapazes de contrair validamente o matrimônio.

Se alguém hoje é alcoólatra ou dependente de drogas, isso não anula a união. Mas, se esses vícios já existiam antes do vínculo matrimonial, embora ainda pequenos, causam a nulidade do matrimônio, pois qualquer muda tende a se tornar árvore um dia. Que quantidade de álcool ou de droga se precisa ingerir para

---

[41] Cân. 1095, § 1º.
[42] Cf. SABBARESE, L. *Il Matrimonio Canonico nell'ordine della natura e della grazia*. Cidade do Vaticano: Urbaniana University Press, 2006.

anular um matrimônio? A quantidade necessária para alterar o comportamento, compelindo a pessoa a fazer o que não deve.

2.1.2.2 Grave falta de discrição de juízo a respeito das obrigações do sacramento do Matrimônio

Pela leitura do CDC, "São incapazes de contrair matrimônio os que têm grave falta de discrição de juízo a respeito de direitos e deveres essenciais do matrimônio".[43]

O segundo vício do consentimento, por sua vez, se refere a um grupo de pessoas ao qual falta, igualmente, um dos elementos do consentimento, que é o conhecimento sobre o que se vai decidir, sobre o querer (vontade).

A falta de discrição de juízo é a ausência da faculdade estimativa para pesar os direitos e deveres matrimoniais,[44] ao que a doutrina canônica chama de "inteligência prática". Essa falta de inteligência prática pode ocorrer também com pessoas muito estudadas, até mesmo com as que possuem elevado nível cultural.

Não se trata de conhecimento teórico, mas prático, no dia a dia, na vida real. O conhecimento prático é aquele que move a vontade e faz a pessoa agir corretamente. Quem tem falta de discrição, conhecimento, pensa estar agindo certo, mas "faz muita besteira", atitude imprópria de uma pessoa casada. Vejamos alguns exemplos para entender isso melhor:

- Uma mulher casada sai sozinha, fica paquerando, namorando, dançando com amigos como se fosse solteira. Ela acha que não há nada de anormal em sua atitude ou que tem direito de agir assim.

---

[43] Cân. 1095, § 2º.
[44] Cf. SABBARESE, L. *Il Matrimonio Canonico nell'ordine della natura e della grazia*. Cidade do Vaticano: Urbaniana University Press, 2006.

- Um homem fica fora se divertindo à noite, sai com amigos, deixando a esposa ou um filho doente em casa, sem a necessária assistência, e acha que isso não tem nada de mal.
- Um homem acha que é dono da mulher ou a trata como se fosse sua propriedade.
- A mãe que não se importa em cuidar e alimentar bem o filho, não se preocupa com as vacinas, e pensa que não há nada de mal nisso.
- Mulher com excesso de dependência da mãe; homem com ideias delirantes e fora da realidade; pessoa inconstante e incapaz de tomar decisões por si mesma.
- Marido ciumento ao extremo, agressivo, dominador, desrespeitoso ou incapaz de dialogar.

Quando alguém adverte essas pessoas, às vezes, elas se ofendem, outras vezes entendem, querem mudar de vida e até prometem, mas depois não conseguem. Não é má vontade, mas falta de discernimento; não conseguem discernir, na prática do dia a dia, quais são seus deveres ou não conseguem cumpri-los. É a isso que se chama "falta de discrição de juízo ou grave imaturidade".

É natural que a discrição de juízo cresça com a idade. É natural que a discrição de juízo de um adolescente seja menor que a de um adulto, mas precisa ser suficiente para caracterizar a falta de discernimento.

Se a imaturidade é tão grande que o cônjuge não consegue reconhecer e cumprir os deveres essenciais do matrimônio, este é nulo.[45]

A falta de educação, de equilíbrio e de preparação pode causar imaturidade. Há pessoas com idade considerável e muito estudo que não conseguem discernir na prática quais são seus direitos

---
[45] Cf. cân. 1055 e 1056.

e deveres e cumpri-los. Dizemos na prática e não na teoria. Se a imaturidade é limitada e normal, não incapacita a pessoa. Mas, se é grave, incapacita a pessoa para o matrimônio, embora no futuro possa até desaparecer. Não se exige uma discrição perfeita, mas a necessária para assumir deveres. Observa-se que a falta de discrição de juízo é hoje a maior causa de nulidade matrimonial.

2.1.2.3 Incapacidade de assumir obrigações matrimoniais por causas psíquicas

O CDC assim estabelece: não devem contrair matrimônio "os que não são capazes de assumir as obrigações essenciais do matrimônio, por causas de natureza psíquica".[46]

Há pessoas que querem cumprir as obrigações matrimoniais, mas, por alguma causa de natureza psíquica,[47] não o conseguem. Se não o conseguem, o matrimônio é nulo.

Neste terceiro vício do consentimento, a nulidade não se refere ao consentimento em si, ou à falta de algum dos seus elementos (capacidade, conhecimento ou vontade livre). As pessoas a que se refere o dispositivo canônico em estudo podem dar o consentimento normalmente para o matrimônio, e esse seria aparentemente válido. O que lhes falta é a capacidade jurídica de cumprir com o objeto do seu consentimento, que é o próprio matrimônio.

Melhor explicando: não basta a pessoa dar o seu consentimento (válido) para o matrimônio. É necessário que a pessoa tenha a real capacidade de cumprir com as obrigações da união matrimonial.

As *obrigações essenciais* do matrimônio são descritas primeiramente no CDC como uma comunhão para a vida toda entre um homem e uma mulher, e são três: (a) formar boa comunhão

---

[46] Cân. 1095, § 3º.
[47] Cf. SABBARESE, L. *Il Matrimonio Canonico nell'ordine della natura e della grazia*. Cidade do Vaticano: Urbaniana University Press, 2006.

de vida e de amor entre marido e mulher; (b) promover o bem dos cônjuges; (c) promover o bem e a educação dos filhos.[48] Em seguida, o documento descreve as *propriedades essenciais*, que são duas: a fidelidade e a indissolubilidade.[49]

Se, por alguma causa de natureza psíquica, alguém for incapaz de cumprir uma dessas obrigações, o matrimônio é nulo. Incapacidade não significa dificuldade. Incapacidade é não conseguir, mesmo que se queira. Para muitos é difícil, mas é possível. Para outros, é impossível mesmo.

Há pessoas incapazes de formar comunhão de vida e de amor com o cônjuge porque não conseguem dialogar, perdoar, compreender, controlar-se. Quem não é capaz de ter boa convivência com o cônjuge não é habilitado para contrair matrimônio válido. Se o homem é incapaz de dar tranquilidade e alegria à esposa por ser demais violento, nervoso, intratável, descontrolado, maníaco ou irresponsável, ele é também incapaz de contrair um matrimônio válido. O mesmo vale para a mulher.

Eis algumas causas psíquicas e afetivas ou outras que incapacitam alguém de assumir o matrimônio:

- *Ninfomania:* a mulher se sente irresistivelmente impelida a praticar sexo com qualquer homem e nunca se satisfaz. Por isso não consegue ser fiel.

- *Satiríase:* quando a mesma patologia descrita acima ocorre no homem.

- *Homossexualidade masculina:* quando o homem sente forte impulso de praticar sexo com um parceiro do mesmo sexo.[50]

---

[48] Cf. cân. 1055.
[49] Cf. cân. 1056.
[50] A homossexualidade é considerada incapacidade afetiva pela Igreja Católica. Não se pode negar ou negligenciar o fato de haver tendências homossexuais inatas em homens e mulheres, que não escolhem essa condição. Para a maioria, tal condição se constitui uma provação, por isso devem ser acolhidos(as) com respeito, compaixão, delicadeza. Evite-se todo sinal de discriminação para com eles(as) (cf. *Catecismo da Igreja Católica*, nn. 2357 e 2358).

- *Homossexualidade feminina:* quando o impulso descrito anteriormente está na mulher.
- *Pedofilia:* quando a pessoa tem forte tendência de praticar sexo com crianças e adolescentes, podendo facilmente praticar violência contra eles, inclusive contra seus próprios filhos ou filhas.
- *Sadismo:* a pessoa só se satisfaz sexualmente quando faz o parceiro sofrer.
- *Dependência de drogas:* a pessoa é escrava de drogas, que lhe danificam gravemente a mente e a transtornam de tal maneira que a incapacitam de assumir deveres essenciais do matrimônio. O álcool também é uma droga desastrosa.
- *Ludopatia:* é atração irresistível por jogos de azar e a incapacidade de abster-se deles.
- *Agressividade patológica grave:* a pessoa é tão agressiva que é incapaz de estabelecer boas relações de vida e de amor com o cônjuge ou com os filhos.
- *Psicose grave, como esquizofrenia, paranoia, transtorno maníaco-depressivo:* fazem com que o doente viva fora da realidade e crie um mundo irreal de fantasias; por isso, é incapaz de formar comunhão de vida e de amor.
- Qualquer outra causa que impeça a pessoa de formar boa comunhão de vida.

Atenção

Para uma causa psíquica invalidar o matrimônio, é necessário que já exista antes da união matrimonial, pelo menos no seu início, de forma mais branda, mas em evolução. Se a pessoa já consumia álcool ou drogas antes de se casar, e

> só depois de casada manifesta a dependência, o matrimônio é nulo, pois todo vício tende a crescer cada vez mais até tornar-se gigante. É assim que acontece com as mudinhas da castanheira ou do açaí, que crescem até se tornar grandes árvores.
>
> Todos sabemos que as doenças psíquicas raras vezes surgem da noite para o dia.

2.1.2.4 Ignorância e falta de fé

"Para que possa haver consentimento matrimonial, é necessário que os contraentes não ignorem, pelo menos, que o matrimônio é um consórcio permanente entre homem e mulher, ordenado à procriação da prole por meio de alguma cooperação sexual."[51]

A ignorância é motivo do quarto vício do consentimento, que diz respeito à falta de um de seus elementos, que é o conhecimento. Trata-se, na verdade, da falta de entendimento prévio das obrigações essenciais do matrimônio, como pressuposto para dar o consentimento. A ignorância e a falta de fé podem ser a causa de outras nulidades, como da simulação ou da exclusão de deveres essenciais.

Para o CDC, *consórcio* significa compartilhar a mesma sorte e a mesma vida, ter vida a dois. Hoje, é extremamente difícil um matrimônio ser nulo por motivo de ignorância.

Os conhecimentos exigidos pelo Direito são mínimos. Não exige conhecimentos profundos sobre os direitos e deveres, nem sobre a unidade e indissolubilidade, nem sobre como acontece a relação sexual, nem sobre como se educam os filhos. Basta saber que se trata da união de um homem e de uma mulher, que nessa união deve haver relações sexuais e que delas podem nascer filhos.

---
[51] Cân. 1096, § 1.

É importante ressaltar que os casos de infertilidade do casal ou de apenas um dos cônjuges não tornam lícito recorrer a técnicas de inseminação artificial ou fecundação *in vitro*, uma vez que elas dissociam a procriação do contexto integralmente pessoal do ato conjugal. Sobre isso, a Igreja já se pronunciou na Instrução *Dignitas Personae*, datada de 8 de setembro de 2008, n. 16, sobre algumas questões de bioética, apresentando as razões precisas para não se admitir tais práticas.

É grave obrigação dos pais, catequistas, padres e escolas informar, educar e preparar as crianças e adolescentes para o matrimônio.[52]

2.1.2.5 Erro de pessoa

O quinto dos vícios do consentimento está previsto no CDC, que diz: "O erro de pessoa torna inválido o matrimônio".[53]

Antes de falarmos propriamente do erro de pessoa e para melhor entendimento do que a seguir será tratado, convém tratar do que vem a ser o erro e suas modalidades abordadas no Código.

O *erro* é um ato humano falho. Já afirma o dito popular: "Errar é humano". O erro é um falso julgamento feito pela inteligência; é uma falsa compreensão de uma pessoa a respeito de alguma coisa. Por pessoa, entende-se o conjunto de qualidades e defeitos que alguém tem, e não apenas a identidade física. Errar em qualidades importantes significa errar na própria pessoa e não apenas em qualidades.

O erro é uma falha do conhecimento, que, como já nos referimos bastante, é um dos elementos do consentimento. Assim, se

---

[52] Cf. cân. 1063-1067.
[53] Cân. 1097, § 1.

houver erro (falha do conhecimento) ao se dar o consentimento, este é inválido.[54]

O Código de Direito Canônico trata de quatro modalidades de erro: o erro de pessoa;[55] o erro de qualidade direta e principalmente visada da pessoa;[56] o erro doloso;[57] e o erro sobre as propriedades essenciais do matrimônio – ou erro de direito.[58]

O *erro de pessoa* é um grave engano que alguém tem a respeito da outra pessoa. Pensou que iria casar-se com uma pessoa, mas se casou com outra.

Hoje em dia, é raro acontecer o erro de pessoa, mas não é improvável alguém querer se casar com uma pessoa e acabar se casando com sua irmã gêmea, por exemplo, que também queria casar-se com esse alguém. É um típico caso de erro de pessoa.

Com o modismo das relações virtuais, atualmente, existem várias pessoas que se conhecem pela internet, namoram e até se casam. Ora, uma pessoa pode colocar um perfil falso na internet, namorar com alguém e, após se conhecerem pessoalmente, por algum motivo ou algum interesse, deixar para contar a verdade só após o matrimônio. Esse seria um típico caso de erro de pessoa, pois, quem colocou o perfil falso, verdadeiramente, não é a tal pessoa que se apresentou ali. Portanto, é inválido esse matrimônio.

2.1.2.6 Erro de qualidade diretamente visada

O erro sobre a qualidade direta e principalmente visada da pessoa está previsto no CDC, com a seguinte redação: "O erro de qualidade da pessoa, embora seja causa do contrato, não torna

---

[54] Cf. SABBARESE, L. *Il Matrimonio Canonico nell'ordine della natura e della grazia.* Cidade do Vaticano: Urbaniana University Press, 2006.
[55] Cf. cân. 1097, § 1.
[56] Cf. cân. 1097, § 1.
[57] Cf. cân. 1098.
[58] Cf. cân. 1099.

nulo o matrimônio, salvo se essa qualidade foi direta e principalmente visada".[59]

Errar um pouco é normal, pois, na época do namoro, a pessoa se enfeita, se embeleza e capricha. Assim se faz também nas lojas e nas feiras: dão a melhor apresentação possível ao produto para seduzir o cliente a comprá-lo. Assim fazem também os pássaros, os animais e os insetos para atrair um parceiro para a reprodução. O mesmo acontece no namoro. O rapaz pode apresentar-se o melhor do mundo, e a moça, uma maravilha; isso é natural, pois até os pássaros, animais e insetos se embelezam para acasalar.

O sexto vício do consentimento trata do erro sobre a qualidade direta e principalmente visada em determinada pessoa, que é a qualidade sem a qual a pessoa não casaria. Se houver erro em tal qualidade, isso invalida o matrimônio, pois engana o consentimento.

A expressão "direta e principalmente visada" significa que alguém, ao consentir se casar com determinada pessoa, considera tal qualidade até mais importante do que a própria pessoa, de tal modo que, se não existisse aquela qualidade, não casaria.

Vejamos alguns exemplos:

- O rapaz queria casar-se só com uma mulher virgem. Depois de casado, constata que ela não era virgem. Ele errou em uma qualidade diretamente visada.
- Cleidiane só queria casar com um homem econômico. Depois de casada, descobriu que ele era um grande esbanjador, gastando até mais do que ganhava.
- Ana jamais iria casar-se com um homem violento. Depois de casada, descobriu que ele era intratável e altamente agressivo. Ela errou na qualidade visada.

---
[59] Cân. 1097, § 2.

- Suziene só queria casar com um católico praticante. Depois, constatou que ele era ateu ou de uma religião que combate o catolicismo.
- Mara queria casar, acima de tudo, para ter filhos. Após o matrimônio, descobriu que o marido era estéril.

Não é possível listar essas qualidades. Para uns é uma situação e para outros, outra. O erro de qualidade direta e principalmente visada vicia o consentimento, pois a pessoa se casou com alguém com quem não queria casar-se. O matrimônio é nulo.

2.1.2.7 Dolo

O sétimo vício do consentimento está albergado no CDC, que assim proclama: "Quem contrai matrimônio, enganado por dolo perpetrado para obter o consentimento matrimonial, a respeito de alguma qualidade da outra parte, e essa qualidade, por sua natureza, possa perturbar gravemente o consórcio da vida conjugal, contrai invalidamente".[60]

O dolo pode ser definido como o engano deliberado e fraudulento cometido com outra pessoa, que, de tal modo, a induz a realizar um ato jurídico.[61] Dessa forma, o dolo é a vontade deliberada de enganar alguém e pode ser por atos ou omissões.

Dolo é a manipulação indigna da boa-fé de alguém com a finalidade de ter o seu consentimento para o matrimônio.[62] O dolo pode provir também de outros interessados, como familiares e amigos. Não é qualquer dolo que causa a nulidade, mas só aquele que perturba gravemente a convivência conjugal: causa grave indignação, perda da confiança, raiva etc.

---
[60] Cân. 1098.
[61] Cf. SANCHEZ, Luis Vela. Dolo. In: SALVADOR, C. C.; DE PAOLIS, V.; GHIR-LANDA, G. *Nuovo dizionario di Diritto canonico*. Milão, Itália: San Paolo, 1996.
[62] Cf. ARRIETA, J. I. Comentário ao cân. 1098. In: *Codice di Diritto Canonico e Leggi Complementari Comentato*. Roma: Coletti a San Pietro, 2007.

A que qualidades o CDC se refere? Depende de pessoa a pessoa. Não há uma lista pronta. Pode ser esconder a esterilidade, a perda da virgindade, uma doença contagiosa, um crime, uma condenação penal, um filho fora do matrimônio, um concubinato anterior etc.

O dolo só é motivo de nulidade do matrimônio se tem a finalidade de enganar para conseguir o consentimento para casar. Por exemplo: o homem sabia que era estéril e conhecia o grande desejo da mulher de ser mãe, mas esconde dela a sua esterilidade, pois acha que ela não se casaria com ele se soubesse disso. Quando ela descobrir, ficará muito triste e perturbada. Então há dolo.

Mas e se a mulher não se importar? O dolo existe, mas não anula o matrimônio. Se a esterilidade perturbar gravemente a convivência matrimonial, o dolo anula o matrimônio. Se não perturbar gravemente, não anula nada e o matrimônio é válido. Todo dolo é um ato vil e covarde, mas não basta. Para invalidar esse pacto é preciso que ele perturbe gravemente a convivência do casal.

O dolo pode ser positivo ou negativo. É positivo quando o interessado em se casar mente para conseguir o consentimento da outra pessoa. É negativo quando ele esconde, omite a verdade para conseguir casar-se.

Vejamos alguns exemplos para entender melhor isso:
- João esconde sua religião, pensando que Maria, se soubesse, não casaria com ele (*dolo negativo*).
- Joana esconde uma doença julgando que Ary, se soubesse, não casaria com ela (*dolo negativo*).
- Pedro mente sobre seu passado, dizendo ser pessoa de boa índole, achando que Isabel não se casaria se soubesse que ele já fora condenado pela justiça (*dolo positivo*).

- Paulo não fala que teve um filho com outra mulher, pensando que Lúcia poderia deixá-lo e não se casar com ele se soubesse (*dolo negativo*).
- Júlio esconde que é portador do vírus HIV, pois pensa que Ana não se casaria com ele (*dolo negativo*).
- Marta está grávida de outro, mas diz que é do noivo, senão ele a deixaria (*dolo positivo*).

2.1.2.8 Erro sobre as propriedades essenciais do matrimônio – Erro de direito

"O erro a respeito da unidade, da indissolubilidade ou da dignidade sacramental do matrimônio, contanto que não determine a vontade, não invalida o consentimento matrimonial",[63] assim está previsto no CDC.

Esse é o oitavo vício do consentimento e diz respeito ao erro sobre as propriedades essenciais do matrimônio e de sua dignidade sacramental, sendo por esses fundamentos também chamado de "erro de direito".

O CDC trata do *erro de fato*[64] em suas duas modalidades: o erro sobre a pessoa[65] e o erro sobre a qualidade direta e principalmente visada da pessoa.[66] Nessa mesma perspectiva, o CDC aborda o *erro de direito*,[67] como é chamado pela doutrina canônica, pois se refere aos fundamentos de "direito" do matrimônio, ou seja, sua essência e suas propriedades essenciais.

Quem deseja casar-se, o que busca? Qual o desejo de quem dá seu consentimento ao matrimônio? Cremos que seja constituir uma família e ser feliz por toda a vida. Ninguém se casa para

---
[63] Cân. 1099.
[64] Cf. cân. 1097.
[65] Cf. cân. 1097, § 2.
[66] Cf. cân. 1097, § 2.
[67] Cân. 1099.

viver separado. Ninguém se casa para ser infeliz. O pacto de amor entre um homem e uma mulher, ordenado ao bem dos cônjuges, à geração e à educação dos filhos, por toda a vida, é elevado por Jesus Cristo à dignidade de sacramento. Essa é a essência do matrimônio cristão.

Ora, o objeto do consentimento é o matrimônio. Vejamos: você tem condições psíquicas (tem capacidade) para decidir a sua vida, sabe que a união matrimonial é um pacto para a vida toda, sabe que deve buscar e zelar pela felicidade do casal, sabe que deve criar e educar os filhos, sabe que este é um sacramento da Igreja, enfim, sabe discernir sobre o que é o vínculo matrimonial (tem conhecimento), decide livremente se casar (tem vontade livre) e, portanto, dá seu consentimento. Qual é o objeto do seu consentimento? É o matrimônio. O que você busca essencialmente ao dar o seu consentimento? O matrimônio.

Portanto, se você deu o seu "sim" (consentimento) e contraiu o matrimônio (essência), tem que aceitar e lutar para manter as suas qualidades essenciais (unidade e indissolubilidade) e a sua sacramentalidade.

O erro sobre as propriedades essenciais do matrimônio acontece no âmbito da razão e determina a vontade. Por exemplo: alguém, mesmo conhecendo todos os elementos do matrimônio, pensa que ele é dissolúvel pelo divórcio, por isso dá o seu consentimento. Se esse pensamento equivocado (no âmbito da razão) determinou a sua vontade de contrair matrimônio, e se esse alguém, caso tivesse pleno conhecimento da indissolubilidade, não daria seu consentimento, esse erro torna *inválido* o seu consentimento.

Outro exemplo: alguém conhece todos os elementos essenciais do matrimônio, conhece as suas propriedades essenciais (unidade e indissolubilidade), sabe igualmente que é um sacramento e dá o seu consentimento. Entretanto, não entende bem o que vem a ser a sacramentalidade do matrimônio e, se soubesse que a sacramentalidade é a união do casal com Cristo e sua Igreja, não se casaria, não daria seu consentimento ao matrimônio. Assim, esse erro, esse falso juízo sobre a sacramentalidade do matrimônio, torna inválido seu consentimento e, portanto, o matrimônio é nulo, por faltar ao consentimento um de seus elementos, que é o conhecimento pleno sobre a realidade do matrimônio, principal objeto do consentimento.

Daí a importância da ação pastoral que a Igreja Católica preconiza:

> Cuidem os sacerdotes de verificar se os nubentes estão dispostos a assumir a vivência do matrimônio com todas as suas exigências, inclusive a de *fidelidade total*, nas várias circunstâncias e situações de sua vida conjugal e familiar. Tais disposições dos nubentes devem explicitar-se numa declaração de que aceitem o matrimônio tal como a Igreja o entende, *incluindo a indissolubilidade.*[68]

2.1.2.9 Simulação

"Se uma ou ambas as partes, por um ato positivo de vontade, excluírem o próprio matrimônio, ou algum elemento essencial do matrimônio, ou alguma propriedade essencial, contraem-no invalidamente."[69] Diz-se, então, que houve simulação.

No entanto, "Presume-se que o consentimento interno está em conformidade com as palavras ou com os sinais empregados na celebração do matrimônio".[70]

---

[68] CONFERÊNCIA NACIONAL DOS BISPOS DO BRASIL. *Orientações Pastorais sobre o Matrimônio*. 18 a 25 de abril de 1978, n. 2.15. Disponível em: https://www.cnbbo2.org.br/12-orientacoes-pastorais-sobre-o-matrimonio/. Acesso em: 24 nov. 2020.
[69] Cân. 1101, § 2
[70] Cân. 1101, § 1.

O nono vício do consentimento é a simulação, que é a discordância entre o ato da vontade interna e as palavras ou sinais externos. Diz uma coisa, mas quer outra. Por fora diz "sim", mas, em seu íntimo, diz "não". Quem simula, engana o outro e, algumas vezes, engana até a si mesmo.

A *simulação* é *total* quando a pessoa exclui o próprio matrimônio. É quando alguém vai à igreja, diz "sim", mas, intimamente, está dizendo para si mesmo: "Eu não quero casar".[71]

A *simulação* é *parcial* quando a pessoa quer se casar, mas exclui de sua vontade interna um elemento ou uma propriedade essencial do matrimônio. Por exemplo: a pessoa se casa, mas não quer ser fiel. Casa disposta a se divorciar, se der errado. Casa-se, mas não quer formar comunhão de vida. Casa-se, mas não quer ter filhos ou não quer educá-los.

Por *ato positivo de vontade* se entende *querer mesmo*, ter uma decisão real.

Para entender melhor, vejamos alguns exemplos de simulação total:

- Luciana não quer casar-se, mas a família exige a união e prepara tudo. Na igreja, o padre pergunta se ela quer se casar. Por palavras ou por gestos, ela diz "sim", mas, em seu íntimo, ela diz: "Não quero casar".
- José tem uma amante. O padre pergunta: "Você promete amor e fidelidade à Maria por toda a vida?". Ele responde "sim", mas, intimamente, não quer deixar a amante.

Agora vejamos alguns exemplos de simulação parcial:

- Pedro se casa decidido a não ter filhos.
- Carlos se casa para ficar com o cônjuge até quando der certo.

---

[71] SABBARESE, L. *Il Matrimonio Canonico nell'ordine della natura e della grazia*. Cidade do Vaticano: Urbaniana University Press, 2006.

2.1.2.10 Condição

"Não se pode contrair matrimônio válido sob condição de futuro. Se a condição for do passado ou do presente, o matrimônio será válido ou nulo conforme exista ou não aquela condição."[72] Este é, em síntese, o ordenamento do CDC que trata do décimo vício do consentimento, denominado "condição".

A pessoa pode ter dúvidas, mas não consegue resolvê-las. Então, decide dentro de si: "Eu quero me casar com ele, mas só se...". A condição de futuro torna sempre nulo um matrimônio e nem o deixa nascer. Por exemplo: "Quero ficar casado com você só se, um dia, nos formarmos em medicina".

Na condição, a outra parte só saberá da verdade depois do matrimônio. A condição deve ser real, uma decisão, e não só: "Eu pensei que...". O maior problema é alguém provar que realmente houve essa condição.

O CDC[73] diz que precisa haver autorização do bispo para impor-se uma condição. Mas isso só serve para a liceidade, e não para a validade. Se a pessoa nem sabia dessa norma, ou se tinha vergonha de pedi-la ao bispo, mesmo assim tal vínculo matrimonial é nulo.

Vejamos alguns exemplos de condição de presente ou do passado:

- O rapaz tem dúvida se a namorada é virgem. Então, decide dentro de si: "Quero ficar casado com ela só se ela for virgem". Após o ato sexual, descobre que ela não era mais virgem. O sacramento é nulo.
- Franco diz à namorada que é dono de uma fazenda. Ela tem sérias dúvidas e decide no seu íntimo: "Se ele for fazendeiro,

---
[72] Cân. 1102, §§ 1 e 2.
[73] Cf. cân. 1102, § 3.

quero me casar, senão não caso". Depois de casada, ela descobre que ele só tinha um pequeno sítio. O matrimônio é nulo.
- Marcos bebe muito. Taís tem horror de casar-se com quem bebe. Ele jura que já deixou de beber. Ela decide: "Se ele estiver curado, eu quero me casar, senão não caso". Depois de casada, ela descobre que Marcos continua bebendo. O matrimônio foi nulo. Isso também vale para viciados em jogos, drogas, prostituição e demais vícios.

2.1.2.11 Coação ou medo

"É inválido o matrimônio contraído por violência, coação ou medo grave proveniente de causa externa que, para se livrar deles, alguém se sinta obrigado a se casar."[74]

Violência é o constrangimento físico. Por exemplo: obrigar alguém a se casar à força, contra sua própria liberdade, sob ameaça física.

Se alguém se casar constrangido (por violência ou ameaça), seu consentimento é viciado e anula o matrimônio.

Coação é uma imposição moral ou psicológica, uma pressão externa. Coação é sentir-se na obrigação de se casar contra a vontade para resolver o problema. A *Gaudium et Spes* deixa claro o pensamento da Igreja sobre a excelência da liberdade: "A liberdade verdadeira é um sinal privilegiado da imagem divina no homem. Pois Deus quis deixar o homem entregue à sua própria decisão".[75]

Medo é o temor de sofrer represália, uma pressão interna, da própria pessoa, mas que provém de um fator externo.

O medo é um temor (sensação interna), mas deve ser real e produzido por um fator externo anterior ao matrimônio. O medo fere a vontade e a liberdade, e a pessoa se casa contra a vontade.

---

[74] Cf. cân. 1103.
[75] GS, n. 17.

Se, porém, o medo é só imaginário, não anula o matrimônio. Por exemplo: medo de Deus, do diabo, de que um raio caia sobre a pessoa amada.

O medo de descontentar muito os pais, ou fazê-los sofrer, tem um peso grande, uma carga típica e mais forte. O mesmo se diga de patrões, chefes, tutores, autoridades e superiores. Chama-se "medo reverencial".

Não é qualquer mero receio. Precisa ser medo forte que leve a pessoa a fazer o que não quer. Por exemplo: o rapaz engravidou a moça, porém não quer casar com ela, porque não gosta do jeito dela. Mas o pai lhe diz: "Meu filho, você engravidou a moça, agora assuma e se case". O filho fica com medo do pai, medo de ficar "de mal" com ele. O mesmo vale para os familiares, o grupo, a comunidade ou a sociedade.

O medo pode vir até sem palavras. Por exemplo, se um filho conhece bem os princípios dos pais, porque sempre dizem: "Quem faz, assume", e ele engravida alguém, sente então o peso disso e se obriga a se casar, mesmo que os pais não digam uma só palavra. Tal matrimônio é nulo, pois o consentimento é viciado.

A coação ou o medo devem ser graves para invalidar um vínculo matrimonial. O medo e a coação podem provir de pais, patrões, padre, juiz, polícia, tios, pessoas influentes e até da própria sociedade, que não admite o "não se casar".

Violência, coação e medo dependem muito do tipo de pessoa. Uma pessoa independente, valente ou rebelde dificilmente se casará por esses fatores. Já a pessoa meiga, obediente, submissa, tímida, é bem mais suscetível a casar-se por violência, medo ou coação. A gravidade do medo e da coação também depende muito da idade, da maturidade, da timidez e da sensibilidade da pessoa. Depende muito também de quem incute tal pensamento: pais severos, pessoa violenta, autoridade prepotente etc.

As ameaças que provocam a violência e a coação sempre são expressas. Por outro lado, o medo, embora provenha de um fator externo, pode ser expresso ou não por gestos ou palavras. Porém, na maioria das vezes, é silencioso.

Eis o grande sinal: se, depois de casado, o casal vive bem, a coação não existiu. Se, porém, esse casal sente certa aversão um pelo outro, facilmente houve coação. Vamos esclarecer um pouco mais com alguns exemplos:

- Pedro engravidou a namorada. O pai dela é exigente e severo. Olha para Pedro com severidade e fica de cara fechada, sem dizer nada. Pedro fica com medo. Embora não queira, vai pedir a moça em casamento. Ele casou coagido.
- João namora Isabel há oito anos e decide deixá-la. Ela se desespera e ameaça suicidar-se. João fica com medo e aceita casar-se para ela não atentar contra a própria vida.
- Paulo namora Cleidiane há cinco anos. Os pais gostam muitíssimo dela, mas Paulo não a quer por esposa. No entanto, seus pais insistem muito, com carinho e delicadeza, para que se casem. Para não magoá-los, ele aceita casar-se com Cleidiane. Seu consentimento foi viciado.
- Lucélia engravida. Os pais fazem um enorme escândalo e ameaçam expulsá-la de casa. Ela não vê outra saída senão casar-se para resolver o problema.

E o amor? Há grande confusão e muitas interpretações sobre o amor. Contudo, poucos têm ideia clara do que ele significa, embora muitos amem na prática. O amor de mãe é exemplo de amor verdadeiro. As mães amam seus filhinhos e, por isso, fazem tudo por eles. Amar é tratar o outro como as mães tratam seus filhos.

Amar é querer o bem da pessoa mesmo à custa de sacrifícios e dores. Médicos e dentistas amam seus clientes quando buscam o seu bem, mesmo que tenham que provocar dor. Muitas pessoas não foram educadas para amar: poucos pais, poucas escolas e poucos catequistas ensinam a amar de verdade.

Portanto, quem está envolvido pelo egoísmo, pelo orgulho ou pela dominação não ama. Quem não sabe sacrificar-se e renunciar a si mesmo para o bem do outro, também não ama. Muitos fazem grande confusão a respeito do amor, dizem que paixão é amor, que fazer sexo é amar, mas tudo isso é falso. Paixão é paixão! Sexo é sexo! Ciúme é desequilíbrio! Paixão é cegueira e instinto.

Amar é buscar o bem do outro, mesmo com sacrifícios e renúncias. É um absurdo casar-se sem amor. Mas a falta de amor não foi posta como impedimento matrimonial nem como vício de consentimento, por isso, não é causa de nulidade matrimonial. É inútil dizer: "Eu me casei sem amor", porque isso não anula nenhum matrimônio. Porém, é certo que, quem se casou coagido ou contra a vontade, se casou sem amor.

Se o amor existia e morreu depois, a culpa é de quem o deixou morrer. O amor é como o fogo: se você não coloca combustível, ele morre. Assim também a floreira do vaso, se não regá-la e adubá-la, ela morre! Se as famílias, as escolas, a Igreja e os meios de comunicação investissem mais na educação para amar, o mundo seria deveras melhor.

2.1.3 Os defeitos de forma canônica

Para a validade do sacramento matrimonial, a Igreja exige também que seja obedecida a forma canônica[76] (cân. 1057, que trata sobre o consentimento) para sua celebração.[77] Caso contrário, o matrimônio será inválido.

---

[76] Cf. SABBARESE, L. *Il Matrimonio Canonico nell'ordine della natura e della grazia*. Cidade do Vaticano: Urbaniana University Press, 2006.

[77] Cf. cân. 1057.

A forma canônica[78] (cân. 1108, que trata sobre o ministro do sacramento e as normas estabelecidas), em palavras bem simples, é o modo exigido pela Igreja para a celebração válida de um matrimônio. Ela consiste no seguinte: o matrimônio deve ser realizado perante o ordinário local ou pároco, ou perante um sacerdote ou diácono devidamente autorizados pelo ordinário local ou pároco, como assistente, que pede e recebe o consentimento em nome da Igreja, perante duas testemunhas.[79]

Antes que alguém pense no sentido popular da palavra, esclarecemos que a palavra "ordinário"[80] é empregada na Igreja com dois sentidos: no âmbito litúrgico, é o nome da regulamentação do modo como devem ser celebrados os ofícios divinos, a ordem dos ritos da Santa Missa, por exemplo; no âmbito da hierarquia, é o clérigo que tem o poder ordinário de fazer cumprir as leis da Igreja em referido local.

Portanto, é neste sentido que estamos falando. *Ordinário* é o superior eclesiástico de determinada área territorial da Igreja. No território da diocese, o *ordinário* é o bispo; no âmbito da paróquia, o *Ordinário* é o pároco.

Pela forma canônica, para que um matrimônio seja válido, são exigidos os seguintes requisitos:

a) *Assistente:* é o ministro (bispo, pároco, outro sacerdote ou diácono) que, em nome da Igreja, presta assistência aos nubentes ao contrair o matrimônio. É importante esclarecer que quem celebra o sacramento são os noivos. O ministro é só o assistente oficial.

O matrimônio deve ser realizado na presença do bispo ou do pároco, ou de outro assistente autorizado por um deles.

---

[78] Cf. cân. 1108.
[79] Ibid.
[80] Ordinário, no sentido popular, é uma pessoa de mau-caráter, que não tem boa índole, mal-educado.

O assistente precisa pedir e receber o consentimento dos noivos em nome da Igreja. Se ele não pede ou se ele não o recebe, o matrimônio é nulo.

b) *Local:* é o território da paróquia onde reside pelo menos um dos noivos, pois o referido cânon, ao empregar a expressão "ordinário local", refere-se à área territorial da diocese ou da paróquia, conforme o caso.

Assim, para que o matrimônio seja válido, exige-se ainda que o assistente esteja dentro do seu território: território da paróquia para o pároco e território da diocese para o bispo.

Para assistir esse sacramento fora do seu território, o clérigo-assistente deve ter autorização do bispo ou do pároco daquele lugar. Se não tiver autorização, o matrimônio é nulo.[81]

c) *Palavras sacramentais:* são as palavras ditas pelos noivos ao pronunciarem o pacto sacramental. "Eu, N., te recebo, N., por minha esposa (meu esposo) e te prometo ser fiel, amar-te e respeitar-te na alegria e na tristeza, na saúde e na doença, todos os dias da nossa vida."[82] Também são palavras sacramentais as perguntas feitas pelo assistente e as respectivas respostas dos nubentes, assim como as palavras do assistente, que, em nome da Igreja, declara os nubentes casados. Para a validade, as palavras devem ser aquelas do ritual (sacramentais) e não as de novelas.

d) *Testemunhas:* são as pessoas que a Igreja exige (no mínimo duas) para atestar, testemunhar, se preciso for, que presenciou os nubentes darem o seu consentimento em se receberem como marido e mulher. As testemunhas, efetivamente, são testemunhas e não padrinhos. Elas não

---

[81] Cf. cân. 1115.
[82] IGREJA CATÓLICA. Rito do Matrimônio. In: *Sacramentário*. Edição típica em tradução portuguesa para o Brasil, realizada e publicada pela CNBB. 5. ed. São Paulo: Paulus, 2008, p. 92.

precisam ser católicas nem praticantes. Basta que entendam que é um matrimônio.

Todos os católicos estão sujeitos a essas normas da forma canônica. Os protestantes ou evangélicos estão sujeitos às normas da sua religião ou as do Direito civil.

Em perigo de morte, essas normas ficam dispensadas, até mesmo da presença do assistente eclesiástico.[83]

Para entender melhor, vamos dar alguns exemplos:

- O padre veio de longe e assistiu o matrimônio do seu sobrinho. Não tinha delegação do pároco nem do bispo. Matrimônio nulo.
- O pároco saiu de férias, mas havia marcado um matrimônio nesse período. Disse então aos noivos: "Arranjem um padre". O pároco deixou um bilhete: "Autorizo o padre que vier para fazer este matrimônio". Veio o padre Raimundo e tudo foi maravilhoso, mas o matrimônio é nulo. Para ser válida, a delegação deve ser dada a uma pessoa determinada, e não de forma genérica, pois assim determina o CDC.[84]
- O matrimônio foi realizado sem a presença de duas testemunhas. Matrimônio nulo.
- O padre aceitou fazer o matrimônio em um sítio ou em um clube, fora da sua paróquia. Matrimônio nulo.[85]
- O padre se portou passivamente: não pediu nem recebeu o consentimento, pois os noivos fizeram tudo. Matrimônio nulo.[86]
- O assistente se deu a "liberdade" e deturpou a fórmula do vínculo matrimonial. Matrimônio nulo.

---

[83] Cf. cân. 1112, 1116 e 1127.
[84] Cf. cân. 1111.
[85] Cf. cân. 1118.
[86] Cf. cân. 1118.

- O padre e o pastor concelebraram. Quem pediu e recebeu o consentimento dos nubentes foi o pastor. Matrimônio nulo.

Finalmente, tal como os impedimentos matrimoniais e os vícios do consentimento, que, em casos especiais, são passíveis de dispensa, também a forma canônica pode ser dispensada em casos muito especiais. Quando o bispo dá uma dispensa ou o pároco dá alguma delegação, deve ser anotada no processo matrimonial para evitar que o tribunal incorra em erro e declare nulo um matrimônio que foi válido.

2.1.4 Convalidação de um matrimônio nulo

Se alguém descobrir que seu matrimônio é nulo, não precisa desesperar-se, há remédio: a *convalidação do matrimônio*. Então, se quiser continuar casado, existem várias maneiras de convalidar seu matrimônio. Mas, se já ocorreu a separação, e não houver mais nenhuma possibilidade de reconciliação, peça a declaração de nulidade do seu matrimônio.

Contudo, antes de tratarmos do tema da convalidação de um matrimônio nulo, relembremos, como foi dito no Capítulo 2 deste Manual,[87] que existem três tipos de nulidades matrimoniais: (a) impedimentos dirimentes; (b) vícios do consentimento; (c) defeitos de forma canônica.

Para cada um desses tipos de nulidade, a lei prevê uma solução, um remédio:

a) Para convalidar um *matrimônio nulo por impedimento dirimente*, é necessário que esse *impedimento* cesse ou seja dispensado, e a parte que tenha consciência desse impedimento renove seu consentimento.[88] Se o impedimento é de

---
[87] Ver tópico 2.1 *(Espécies de nulidades matrimoniais)* deste Manual.
[88] Cf. cân. 1156, § 1.

conhecimento público, a renovação do consentimento deve ser feita por ambos os cônjuges e segundo a forma canônica.[89] Se o impedimento não foi do conhecimento do público e não pode ser provado, e é apenas do conhecimento de um dos cônjuges, basta que a renovação do consentimento seja feita de forma particular e em segredo.[90]

b) Para convalidar um *matrimônio nulo por falta do consentimento*, basta que a parte que não tenha consentido dê o seu *consentimento* e preserve o consentimento da outra.[91]

Se a *falta do consentimento* não pode ser provada, basta que a parte que não tenha consentido dê o seu *consentimento* de forma particular e em segredo,[92] dizendo mais ou menos isto: "(Nome), eu te recebo por meu marido (esposa) para sempre". Se ambos os cônjuges sabem, eles marcam dia, hora e, juntos, fazem uma oração, dão-se as mãos e dizem um ao outro: "(Nome), eu te recebo por esposa (marido) para sempre".

Porém, se a falta de consentimento foi pública, isto é, se as pessoas sabem, é preciso renovar o *consentimento* de forma canônica, com a presença do ministro qualificado e de duas testemunhas.[93]

c) Se a nulidade do *matrimônio foi por defeito de forma canônica*, o pacto matrimonial deve ser contraído novamente na forma canônica.[94]

Existe, ainda, outra forma de regularizar, dar validade a um matrimônio nulo: pela sanação radical, que passaremos a analisar.

---

[89] Cf. cân. 1158, § 1.
[90] Cf. cân. 1158, § 2.
[91] Cf. cân. 1159, § 1.
[92] Cf. cân. 1159, § 2.
[93] Cf. cân. 1159, § 3.
[94] Cf. cân. 1160.

2.1.5 Sanação radical

A Igreja é mãe bondosa, carinhosa e misericordiosa. Para validar um matrimônio nulo, ela pode conceder uma graça especial, denominada *sanação radical*, comumente chamada de *sanação na raiz*,[95] que dispensa qualquer impedimento e defeito de forma.[96] Só não dispensa o de consentimento. A sanação na raiz (expressão que também usaremos por ser a mais utilizada) está regulamentada no CDC.[97]

Essa sanação retrocede no tempo e torna o matrimônio válido desde a data da celebração religiosa.[98] Só o bispo ou o papa podem concedê-la. A sanação na raiz só vale se as partes ainda quiserem continuar casadas.

Se elas pretendem se separar, a sanação não poderá ser concedida.[99] Por causa grave, a sanação pode ser dada até sem o conhecimento de um cônjuge, ou de ambos. Mas só se houver causa muito grave.

Como fazer para obter a sanação na raiz?

Um cônjuge, ou ambos, ou o padre, faz o pedido por escrito ao bispo. Desde o momento em que o bispo decreta a sanação na raiz, o casal já está casado de verdade, com efeito retroativo, isto é, desde a data daquele matrimônio nulo.

E se eles só se amasiaram? Não há sanação, porque nem existe a raiz (matrimônio). Para a sanação ser válida, são necessárias duas condições:

a) Que exista o consentimento matrimonial de ambos.

b) Que tenha havido algum tipo de celebração na igreja.

---

[95] Cf. SABBARESE, L. *Il Matrimonio Canonico nell'ordine della natura e della grazia*. Cidade do Vaticano: Urbaniana University Press, 2006.
[96] Cf. cân. 1161, § 1.
[97] Cf. cân. 1161-1165.
[98] Cf. cân. 1161, § 2.
[99] Cf. cân. 1161, § 3.

Se não houve nenhuma celebração, a sanação não pode ocorrer. Como o consentimento é essencial para nascer o matrimônio, também é essencial para haver sanação na raiz, pois nela nasce um matrimônio que não existia. Se o casal quer o vínculo matrimonial, ele surgirá, mas, se um dos dois não quiser, a sanação é nula, pois é impossível alguém se casar sozinho.

Por isso, a sanação só acontece quando ambos querem o matrimônio.

Junto com o pedido, é preciso anexar também esses dois documentos:

a) Cópia da Certidão de Batismo de ambos.

b) Cópia da Certidão de Matrimônio, ou de casamento civil, ou de outra Igreja.

Ao conceder a sanação na raiz, o bispo manda anotar o fato no devido livro de Batismo, ou no livro de registro de matrimônio, ou em um livro da Cúria.

Se for difícil, peça ajuda ao Tribunal Eclesiástico ou ao pároco. Na última parte deste Manual, você encontrará um modelo de pedido de sanação na raiz.

CAPÍTULO 3

A justiça eclesiástica

3.1 O poder de regime ou de jurisdição

Toda aglomeração de pessoas, para ser considerada uma sociedade, deve estar organizada com leis ou regras que regem, que regulamentam essa sociedade. Com a Igreja Católica não seria diferente. Sabemos que a Igreja é sociedade do povo de Deus, que tem por missão a salvação das almas. Assim, como sociedade organizada que é, a Igreja Católica tem um ordenamento canônico que regulamenta a sua própria estruturação jurídica e, assim, os direitos e deveres de seus membros.

A Igreja Católica tem o poder de regime, também chamado de "poder de jurisdição".[1] Esse poder é a faculdade de estabelecer as leis que "regem" o governo de determinada sociedade.

O poder de regime da Igreja é de natureza divino-positiva, pois foi o próprio Jesus Cristo quem, ao edificar sua Igreja, o concedeu:

> Também eu te digo que tu és Pedro e sobre esta pedra edificarei minha Igreja e as portas do inferno nunca prevalecerão contra ela. Eu te darei as chaves do Reino dos Céus e o que ligares na terra será ligado nos céus e o que desligares na terra será desligado nos céus.[2]

Ora, quando Jesus Cristo disse naquele momento que estava dando as chaves para ligar e desligar a Igreja ao Reino dos Céus,

---

[1] Cf. CONDE, M. J. A. *Diritto processuale canonico*. 5. ed. Roma: EDIURCLA, 2006.
[2] Mt 16,18-19.

não há dúvida de que estava concedendo o poder de governo, o poder da Igreja de estabelecer o regime através do qual conduz o povo de Deus ao Reino dos Céus.

O poder de regime na Igreja Católica tem as funções executiva, legislativa e judiciária, que são exercidas, primordialmente, pelos que receberam a ordem sagrada: os bispos (o papa, bispo de Roma, e o bispo diocesano) e os clérigos, podendo ter a colaboração dos fiéis leigos, conforme determinar o Direito.[3]

3.2 Objeto e competência da Justiça Eclesiástica

De acordo com o CDC,[4] a Justiça Eclesiástica tem por objeto:[5] (a) o conhecimento do juízo sobre as questões referentes ao direito das pessoas físicas[6] ou jurídicas, a ser defendido ou reivindicado; (b) as questões sobre os fatos jurídicos que se relacionam e os delitos no que se referem à declaração ou imposição de penas.

Assim, a Justiça Eclesiástica tem competência[7] para conhecer e julgar: (a) as causas relativas às coisas espirituais e as causas com elas conexas; (b) as causas referentes à violação das leis eclesiásticas e dos atos caracterizados como pecado, no que se refere à determinação da culpa e à imposição de penas eclesiásticas.

3.3 Os Tribunais Eclesiásticos

Os Tribunais Eclesiásticos estão classificados conforme a sua competência e são assim denominados:[8]

---

[3] Cf. cân. 129, §§ 1 e 2.
[4] Cf. cân. 1400.
[5] Cf. cân. 1400, § 1, 1º e 2º.
[6] Dentre as "leis referentes ao direito das pessoas físicas", estão o direito de ser reconhecida pela Igreja a nulidade do matrimônio, que se estuda neste Manual.
[7] Cf. cân. 1401, 1º e 2º.
[8] Cf. CONDE, M. J. A. *Diritto processuale canonico*. Roma: EDIURCLA, 2006.

a) Tribunal de Primeira Instância.
b) Tribunal de Segunda Instância.
c) Tribunal da Sé Apostólica.

Os tribunais de Primeira Instância[9] são aqueles em que se iniciam os processos eclesiásticos. Podem ser: diocesanos, interdiocesanos ou regionais.

Os tribunais de Segunda Instância[10] são os *Tribunais Metropolitas*. No Pará, em Belém, e no Amapá, é denominado "Tribunal Metropolitano de Apelação".

Os Tribunais da Sé Apostólica são os tribunais da Santa Sé, sob o comando direto do Santo Padre, o papa.

3.3.1 Os Tribunais da Sé Apostólica

A Santa Sé tem dois tribunais: o Rota Romana e o Supremo Tribunal da Assinatura Apostólica.

"O Romano Pontífice é o juiz supremo para todo o mundo católico e julga pessoalmente, pelos tribunais ordinários da Sé Apostólica ou por juízes por ele delegados."[11]

Rota Romana é o tribunal ordinário constituído pelo Romano Pontífice para receber as apelações.[12] É um tribunal de apelação e tem competência para:

a) julgar em segunda instância as apelações legítimas, levadas à Santa Sé, contra as causas que foram julgadas pelos tribunais de primeira instância.[13] Por exemplo: em uma causa julgada em um Tribunal Diocesano (primeira instância), a

---
[9] Ibid.
[10] Ibid.
[11] Cân. 1442.
[12] Cf. cân. 1443.
[13] Cf. cân. 1444, § 1.

parte que se sentir inconformada pode, voluntariamente, recorrer diretamente ao Tribunal Rota Romana.[14]

b) julgar em terceira ou ulterior instância as causas já julgadas por outros tribunais e pelo próprio Tribunal Rota Romana, e que não tenham transitado em julgamento. Nesse caso, o recurso não é voluntário, e sim obrigatório. Por exemplo: uma causa foi julgada em um Tribunal Diocesano (primeira instância) e a parte inconformada recorreu para o Tribunal Metropolita (segunda instância), que julgou a causa a seu favor. Como houve uma decisão na primeira instância (Tribunal Diocesano) contra seus interesses, e na segunda instância (Tribunal Metropolita) a seu favor, portanto, duas decisões diferentes, o recurso é obrigatório para o Tribunal da Rota Romana (terceira instância).

O Supremo Tribunal da Assinatura Apostólica tem competência de dupla natureza: exerce a função jurisdicional como tribunal extraordinário de apelação, em face das decisões da Rota Romana,[15] e as funções de corregedoria, zelando pela reta aplicação da Justiça Eclesiástica[16] e exercendo, por outro lado, a função de caráter contencioso-administrativo.[17]

3.3.2 Os Tribunais de Segunda Instância – Metropolitas

Os Tribunais de Segunda Instância são chamados de "Tribunais Metropolitas".[18] Devem ser constituídos do mesmo modo que o Tribunal de Primeira Instância, a saber, três juízes, um defensor do vínculo matrimonial e um notário. Ainda que, na primeira

---

[14] Cf. CONDE, M. J. A. *Diritto processuale canonico*. 5. ed. Roma: EDIURCLA, 2006, p. 158. Cf. cân. 1444, § 1, 2º.
[15] Cf. cân. 1445, § 1, 1º ao 4º.
[16] Cf. cân. 1445, § 3, 1º ao 3º.
[17] Cf. cân. 1445, § 2.
[18] Cf. cân. 1438.

instância, a sentença tenha sido julgada por um único juiz, o Tribunal de Segunda Instância deve proceder colegialmente.[19]

É no Tribunal de Segunda Instância que se reexamina o processo da primeira instância, se tiver havido recurso, confirmando ou proferindo nova sentença.[20] Se as sentenças da primeira e segunda instâncias forem iguais, o processo acaba. Mas, se as sentenças forem diferentes, a parte descontente com a decisão pode apelar ao Tribunal da Rota Romana.

3.3.3 Os Tribunais de Primeira Instância – Diocesanos

Os Tribunais de Primeira Instância são os tribunais diocesanos, interdiocesanos e regionais. O bispo diocesano é o juiz de primeira instância, que pode exercer pessoalmente ou por outros, segundo o Direito Canônico.[21]

O bispo deve constituir um vigário judicial com poder ordinário de julgar.[22]

O vigário judicial, juntamente com o bispo, constitui um único Tribunal, mas não pode julgar as causas que o bispo reserva para si.[23]

3.3.3.1 Composição

O Tribunal de Primeira Instância pode ser formado por três a cinco juízes (o bispo, o vigário judicial e mais um vigário judicial adjunto, ou três, conforme o caso).[24]

Em cada tribunal deve, ainda, ter um promotor de Justiça e um defensor do vínculo matrimonial, que atuarão segundo a

---

[19] Cf. cân. 1441.
[20] Cf. CONDE, M. J. A. *Diritto processuale canonico*. Roma: EDIURCLA, 2006.
[21] Cf. cân. 1420, § 1.
[22] Cf. cân. 1419, § 1.
[23] Ibid.
[24] Cf. cân. 1425, § 1, e 2.169. Cf. cân. 1430-1436.

causa a ser apreciada.[25] Por fim, em cada Tribunal Eclesiástico é obrigatória a atuação de um notário (escrivão), pois será nulo o processo que ele não assinar.

A Igreja exige que os juízes e o defensor do vínculo sejam mestres ou doutores em Direito Canônico, que sejam pessoas honestas, aprovadas pelo bispo e confirmadas pelo papa, pois atuam em nome da Igreja.[26]

É no Tribunal de Primeira Instância que se iniciam os processos de nulidade matrimonial, através do Libelo, que é o pedido inicial, onde se recolhem as provas e se profere a sentença de primeira instância.

Não é qualquer Tribunal Eclesiástico que tem autoridade para iniciar e concluir um processo. O CDC[27] trata sobre os tribunais competentes:

a) O Tribunal da diocese ou da região onde se realizou o matrimônio.

b) O Tribunal onde reside a parte demandada.

c) O Tribunal onde se encontra a maioria das testemunhas, contanto que o presidente daquele tribunal autorize.

Assim, por exemplo, o homem que reside em Castanhal, casou-se no Rio de Janeiro e sua esposa mora em São Paulo, deverá dar entrada com o processo no Rio de Janeiro, e não em Castanhal.

3.4 Câmaras Judiciais Auxiliares

Existem pessoas que precisam de ajuda da Igreja para resolver o problema de seu matrimônio nulo, pois algumas moram em dioceses, prelazias ou paróquias muito distantes. Para chegar ao

---

[25] Cf. cân. 1437.
[26] Cf. cân. 1421, § 3, e 1435.
[27] Cf. cân. 1673.

Tribunal precisam viajar por longa distância e gastar o que às vezes não têm.

O Papa Francisco pede e insiste muito para que todas as dioceses tenham seu Tribunal Eclesiástico e o façam funcionar. Algumas dioceses não têm condições de criar e manter um Tribunal Eclesiástico, pois demanda muita despesa e requer pessoal especializado, como já dissemos anteriormente.

Então, para socorrer tais pessoas, as dioceses podem criar câmaras judiciais. As paróquias também podem ter sua Câmara Judicial aprovada pelo bispo, a qual pode ser formada por apenas duas pessoas: um auditor e um notário. Se não houver notário, o auditor pode nomear um para cada ato ou processo. A palavra "auditor" vem do latim e significa "aquele que ouve".

O auditor interroga e ouve a pessoa que procura a Igreja para resolver o problema do seu matrimônio que suspeita ser nulo.

Quando o Libelo estiver pronto, acompanhado de todos os documentos exigidos, o auditor o envia ao Tribunal pelos Correios com AR (Aviso de Recebimento).

Se tiver bom fundamento, o juiz faz a Aceitação da causa, sugere os limites da controvérsia, cria os questionários e os envia ao auditor da Câmara, para este comunicar o feito às partes, a fim de tomarem conhecimento e reclamarem, se for o caso.

Depois, o juiz auditor cita as partes e testemunhas para interrogá-las e ouvi-las. Concluídas as audiências de todos, o auditor envia tudo ao Tribunal, onde o processo seguirá seu rito normal, até a sentença de 1ª e de 2ª instâncias, ou do bispo. Fica na responsabilidade da Câmara combinar e cobrar os custos processuais.

Para alguém ser auditor, basta que:

a) Seja honesto e pronto a trabalhar;

b) Saiba entender as pessoas e escrever bem ao computador;

c) Seja nomeado pelo bispo ou pelo juiz presidente;
d) Conheça bem a técnica de interrogar e de fazer atas.

Não precisa ter nenhum título de Direito Canônico. O notário também deve ser honesto, disposto a ajudar o auditor, ser nomeado pelo bispo ou mesmo pelo auditor.

Quem redige as respostas é aquele que escreve melhor: auditor ou notário. Por fim, o notário deve assinar as atas para que sejam válidas.

Seria desejável que houvesse câmaras judiciais, com auditores e notários, em cada paróquia e diocese, pois assim o trabalho seria desenvolvido com mais rapidez e alcançaria com mais eficiência aqueles que residem mais distantes da sede diocesana.

3.5 As custas processuais

Como em qualquer outro tribunal da justiça comum, onde as partes têm que pagar as custas do processo, também nos Tribunais Eclesiásticos existem despesas que são inevitáveis, já que todo processo tem seus custos (pessoal, energia, material de expediente etc.), que devem ser pagos por aqueles que buscam esse serviço. Em cada processo de nulidade matrimonial trabalham, em média, dez pessoas. Portanto, as dioceses não têm como arcar com esses custos, que devem ser minimamente ressarcidos pelas partes interessadas.

Os valores das custas processuais variam de um local para outro nos Tribunais Eclesiásticos, dependendo das circunstâncias em que o processo se desenvolve em cada corte eclesiástica.

No entanto, é permitido o parcelamento das custas para quem não pode pagar de uma só vez. Porém, antes do final do processo, as custas processuais devem estar totalmente quitadas.

CAPÍTULO 4

Processo de nulidade de matrimônio

4.1 O processo de nulidade matrimonial

O processo de nulidade matrimonial é um conjunto de atos ordenados que busca descobrir a verdade dos fatos alegados, a fim de obter a declaração de nulidade de um matrimônio que se pretende ter sido inválido desde a sua celebração. De fato,

> com o processo de nulidade matrimonial os fiéis se dirigem à autoridade judicial da Igreja para obter uma declaração pública que ateste a invalidade do matrimônio. Trata-se de pôr o remédio mais radical à eventual patologia do próprio estado conjugal.[1]

O processo de nulidade matrimonial possui uma série de mecanismos próprios, os quais auxiliam o juiz a descobrir a verdade com a maior garantia possível de êxito, para que se chegue a uma certeza moral, porém, nunca absoluta. Diminuem-se, assim, as chances de se cometer uma injustiça. Em outras palavras, significa a construção de um passo a passo rumo à sentença que reconheça, ou não, que determinado matrimônio foi nulo desde o início.

É importante ressaltar, até para demonstrar a benevolência pastoral da Igreja e do Papa Francisco, que, na justiça canônica, os processos são submetidos ao duplo grau de jurisdição. Contudo, o processo mais breve, perante o bispo, tem um só grau, se não

---

[1] CONDE, M. J. A. *Diritto processuale canonico*. 5. ed. Roma: EDIURCLA, 2006, p. 599. Tradução nossa.

houver recurso. Nos processos mais breves, perante o bispo, só são julgados os casos mais evidentes de nulidade, e não todos; fato é que o bispo só pode dar sentença afirmativa de nulidade e não negativa. Se o bispo tiver dúvidas, ele deve omitir-se de julgar e transferir o processo para o Rito Ordinário, a fim de que o Colégio Judicante julgue. Após o julgamento no Rito Ordinário de primeira instância, se for afirmativo, deve haver novo julgamento pelo Tribunal Metropolitano de Apelação.

Entretanto, com a proclamação, pelo Papa Francisco, do *Motu proprio Mitis Judex Dominus Iesus* (sobre o qual dedicamos um tópico neste Manual, que veremos adiante), a sentença no primeiro grau de jurisdição, que decreta a nulidade do matrimônio, passa a ter força executiva, ficando as partes livres para contrair novo matrimônio, isto é, não existe mais a obrigatoriedade de um mesmo processo ser analisado em duplo grau de jurisdição. Entretanto, pode haver na sentença a expressa proibição do juiz, às partes ou à uma das partes, de contrair novo matrimônio, nos casos em que a lei prevê essa proibição.

Com a promulgação do *Motu proprio Mitis Judex Dominus Iesus*, o Papa Francisco facilitou em muito a vida dos fiéis, que muitas vezes tinham que aguardar anos para ter uma resposta sobre sua causa. Os processos eram muito demorados, pois um processo tem diversas etapas que devem ser cumpridas rigorosamente, como veremos adiante.

4.1.1 Como dar início ao processo?

Quando um cônjuge se separa e vê que seu matrimônio não tem mais retorno, e acha que foi nulo, poderá dar início a um processo[2] perante o Tribunal Eclesiástico, visando à declaração de nulidade de seu matrimônio.

---
[2] Ibid.

Para dar início ao processo de declaração de nulidade matrimonial, basta que um dos cônjuges, já separados, faça o pedido inicial, que no processo eclesial é chamado de Libelo (petição). Portanto, Libelo é o instrumento hábil para iniciar um processo de nulidade matrimonial.

1. O Libelo deve ser digitado no computador, conforme modelo na última parte deste Manual.
2. Deixa-se uma margem de 3 centímetros à esquerda para poder grampeá-lo.
3. Deve ser realçado em negrito o nome das partes: demandante e demandada.
4. Deve-se seguir o modelo sem omitir nenhum dado contido no mesmo, pois, se faltar algum dado, o juiz rejeitará o Libelo e o demandante terá que refazê-lo ou completá-lo.
5. Ao Libelo (petição), deve-se juntar os documentos necessários e entregá-los pessoalmente ao presidente do Tribunal Eclesiástico.
6. Antes da entrega do Libelo, recomenda-se telefonar ao juiz presidente para agendar dia e hora.
7. O Libelo deve ser entregue pessoalmente ao presidente do Tribunal para análise e aceitação.

Observação: nunca o Libelo deve ser enviado pelos Correios ou por outra pessoa.

4.1.2 Como elaborar um Libelo?

A parte autora (que no processo eclesiástico é chamada de *demandante*) narra brevemente a história, dizendo a verdade.

Deve-se escrever com simplicidade, como se estivesse escrevendo uma carta ao bispo. A verdade, embora dolorosa, deve ser dita, pois o juiz precisa sabê-la para aceitar ou rejeitar o pedido. No pedido, não pode haver mentiras, pois essas serão facilmente descobertas. Portanto, não se pode aumentar os fatos nem os minimizar, e muito menos ofender a outra parte. Basta narrar os fatos principais, sem muitos pormenores. Não é necessário descrever todos os episódios e reviravoltas. Não pode ser muito longo; uma ou duas páginas geralmente são o suficiente.

Ao final deste Manual, apresentamos um modelo de Libelo. É recomendável seguir o modelo para não omitir dados, pois, se faltar algum dado necessário, o juiz devolverá o pedido para ser corrigido ou completado.

Atenção

O divórcio sempre foi contrário à vontade de Deus, desde a criação do homem. A Igreja, que é fiel a Deus e ao Evangelho, não o aceita nunca, mesmo se a lei civil o permitir. Um matrimônio que nasce válido é *válido* para sempre e só a morte pode dissolvê-lo.[3] Se, porém, nasceu *inválido*, a Igreja pode declará-lo nulo através de processo.

4.1.3 Documentos necessários

É preciso juntar ao Libelo os seguintes documentos:

a) fotocópia da Certidão de Batismo de ambas as partes;

b) fotocópia da Certidão de Matrimônio;

c) fotocópia da Certidão de Casamento civil, com averbação do divórcio;

---
[3] Cf. cân. 1141.

d) Em caso de não se ter casado no civil, apresenta-se uma declaração informando esse fato (disponível no próprio Tribunal).[4]

4.2 Principais etapas do processo de nulidade matrimonial

O processo de nulidade matrimonial, tal como na Justiça comum, deve obedecer a certas formalidades e seguir etapas distintas e ordenadas, conforme a legislação canônica e eclesiástica. Os passos de um processo são como os degraus de uma escada. Quem quiser pular degraus, pode despencar e não chegará lá.

A seguir, apresentaremos cada uma das etapas do processo de nulidade matrimonial. Procuramos fazê-lo da forma mais compreensível possível, apresentando um passo a passo de toda a sua tramitação.

1ª etapa – Postulação

É a fase da apresentação do Libelo introdutório ao Tribunal Eclesiástico de primeira instância.

1º passo – Informações

O interessado deve procurar o Tribunal Eclesiástico, expor seu caso e pedir informações, orientações e ajuda.

2º passo – Elaboração e apresentação do Libelo

Se houver causa de nulidade, o interessado poderá fazer o seu pedido (Libelo), que deve ser escrito de maneira simples, como se

---

[4] Todas as fotocópias devem estar legíveis, e tudo deve ser entregue pessoalmente ao presidente do Tribunal, neste endereço: Tribunal Eclesiástico: Rua Major Wilson, 841 – Nova Olinda – Castanhal, PA (nas dependências da Catedral). Queira agendar antes pelo telefone: (91) 99314-0439, ou pelo e-mail: tribunaldiocesanodecastanhal@gmail.com.

fosse uma carta, seguindo as orientações do Tribunal e o modelo presente neste Manual, sem omitir nada do que lá é pedido. É bom seguir as orientações do Tribunal para não escrever inutilidades ou omitir algo importante no Libelo. Se faltar algo, o juiz não o considerará e mandará refazê-lo.

3º passo – Providenciar os documentos

É preciso juntar ao Libelo cópia desses documentos: Certidão de Batismo de ambos; Certidão de Matrimônio e Certidão do Casamento civil, com averbação do divórcio. Se não for casado no civil, fazer uma declaração, em folha à parte, dizendo que não se casou (modelo no Tribunal).

4º passo – Entrega do Libelo

Quando o Libelo estiver pronto com os documentos, deve ser entregue pessoalmente ao juiz, no Tribunal Eclesiástico, para dar início ao processo.

2ª etapa – Aceitação

É a fase em que o juiz, após analisar o caso narrado no Libelo e examinar os documentos, estando tudo certo, faz a *aceitação* do processo, isto é, aceita, admite que a causa seja analisada pelo Tribunal Eclesiástico de Primeira Instância.

5º passo – Decreto de Aceitação da Causa[5]

O juiz, para dar início ao processo, deve baixar o Decreto de Aceitação da Causa.[6]

---

[5] Cf. CONDE, M. J. A. *Diritto processuale canonico*. Roma: EDIURCLA, 2006.
[6] Cf. cân. 1505, § 1; 1676, § 1.

6º passo – Comunicação ou citação

A seguir, o juiz faz a comunicação à outra parte, mandando-lhe cópia do Libelo e dando-lhe prazo para se manifestar.[7]

7º passo – Resposta da parte demandada

Após receber a comunicação de que foi iniciado o processo de nulidade matrimonial e tomar conhecimento dos termos do Libelo, é apresentada a resposta da parte demandada, também chamada de "contestação". Se a outra parte não concordar, ela vai contestar, dando a sua versão dos fatos. Quem discordar não poderá apenas dizer: "É tudo mentira. Eu não concordo", mas sim citar quais foram as reais causas do fracasso daquele matrimônio.

8º passo – Parecer prévio do defensor do vínculo

Tendo em mãos o Libelo e a resposta da parte demandada – contestação –, o juiz dará vistas do processo ao defensor do vínculo, para emitir um parecer preliminar.

3ª etapa – A litiscontestação – Fixação dos limites da causa

A etapa da litiscontestação[8] dá-se quando o juiz baixa um decreto, fixando os limites da causa, isto é, o limite em que a causa deve ser discutida, analisada.[9]

9º passo – Decreto de fixação dos limites da causa

Considerando que não se pode analisar detalhadamente todas as situações, o juiz fixa um limite de causas de nulidade a serem

---

[7] Cf. cân. 1507, § 1; 1676, § 1.
[8] Cf. ARRIETA, J. I. Comentário ao cân. 1513. In: *Codice di Diritto Canonico e Leggi Complementari Comentato*. Roma: Coletti a San Pietro, 2007.
[9] Cf. cân. 1513, § 1; 1676, § 2.

discutidas. Por exemplo, se o matrimônio foi nulo por coação, ou por simulação, ou por dolo.

10º passo – Remessa da cópia do Decreto de Fixação dos Limites da Causa

Após fixar os limites da causa, o juiz faz a comunicação às partes, enviando-lhes cópia do Decreto de Fixação dos Limites da Causa. As partes podem recorrer dessa decisão ao próprio juiz, se não concordarem com os limites fixados.[10]

4ª etapa – A instrução da causa

É a fase em que o juiz instrui o processo, com oitiva das partes e testemunhas, e apresentação de documentos.

11º passo – Elaboração dos questionários

Nesta fase, o juiz faz três questionários para interrogar a parte demandante, a parte demandada e as testemunhas, a fim de descobrir a verdade.

12º passo – Citação para depor

O juiz manda fazer a citação, convidando as partes e suas testemunhas a ir ao Tribunal para falar sobre o que sabem. É preciso ser pontual. O Tribunal Eclesiástico deixa a cargo de quem as arrolou para apresentar suas testemunhas, na data determinada.

13º passo – Citação por AR

Quando uma parte não atende à citação do juiz, às vezes, é chamada novamente por telefone e, outras vezes, é mandada nova citação, dessa vez via Correios, com AR (Aviso de Recebimento),

---

[10] Cf. cân. 1513, § 3.

para comprovar que a parte efetivamente recebeu a citação. Se a parte não comparecer, será declarada ausente e o processo prosseguirá até à sentença final sem a sua participação. Se for o autor a não comparecer, o processo será arquivado.

14º passo – Oitiva das partes e das testemunhas

O juiz fará audiência para ouvir as partes e as testemunhas. O CDC não estabelece quantas devem ser as testemunhas. O Tribunal Eclesiástico exige pelo menos três. Parentes e familiares sérios e honestos que conhecem bem os fatos podem ser testemunhas, excluindo-se pessoas sabidamente desonestas ou mentirosas, que, ao invés de colaborar, poderiam criar obstáculo no prosseguimento do processo. Antes do interrogatório, o juiz exige juramento perante Deus de dizer a verdade. Jurar falsamente constitui perjúrio e pecado grave. Os juízes são preparados e podem, facilmente, descobrir alguma inverdade.

Quem pode arrolar testemunhas são as partes, demandante e demandada. Porém, o próprio juiz pode convocar testemunhas sempre que achar oportuno. Quem arrola, precisa informar as testemunhas do que se trata. Já ocorreu de chegar ao Tribunal pessoas que nem sabiam por que estavam ali.

15º passo – Coleta de provas

O Tribunal aceita todos os tipos lícitos de provas da nulidade: testemunhas, cartas, documentos, fotografias, vídeos, filmagens, gravações, capturas de tela de celular (*prints*) etc.

5ª etapa – A publicação dos autos

É a fase em que o juiz permite que as partes possam ter acesso aos autos, na secretaria do Tribunal, para tomar conhecimento das provas até então colhidas no processo.

16º passo – Decreto de Publicação dos Autos

Terminada a coleta de provas, o juiz baixa o Decreto de Publicação dos Autos, permitindo às partes e a seus advogados (se for o caso) terem conhecimento das provas até então existentes[11] ou solicitarem novas provas, se assim desejarem.[12]

6ª etapa – A conclusão da causa

A conclusão da causa dá-se sempre que as partes declararem que nada mais têm a alegar, ou quando se esgotar o prazo para a produção de provas, ou ainda quando o juiz declarar a causa suficientemente instruída.[13]

17º passo – Declaração de conclusão da causa

Estando convencido de que a causa está pronta para ser julgada, o juiz deve declarar a conclusão da causa.

7ª etapa – Alegações finais da defesa

Após a conclusão da causa, o juiz determina um prazo conveniente para que as partes façam as últimas alegações.[14]

18º passo – Alegações finais das partes

Nesta fase, as partes podem fazer as suas últimas alegações,[15] com direito a réplicas e tréplicas,[16] se assim desejarem. Ou, simplesmente, podem não falar mais nada e confiarem o julgamento da causa ao prudente arbítrio dos juízes, que é o que normalmente acontece.

---

[11] Cf. cân. 1598, § 1.
[12] Cf. cân. 1598, § 3.
[13] Cf. cân. 1599, § 2.
[14] Cf. cân. 1601.
[15] Cf. cân. 1601.
[16] Cf. cân. 1603, §§ 1 e 2.

8ª etapa – Parecer final do defensor do vínculo

Quando o juiz tiver colhido todas as provas, enviará o processo ao defensor do vínculo.

19º passo – Parecer do defensor do vínculo

O defensor do vínculo dará seu parecer final sobre a nulidade ou não do matrimônio.[17]

9ª etapa – Estudo e definição da causa pelo Colégio Judicante

Concluído o prazo dado pelo juiz instrutor às partes e ao defensor do vínculo para darem suas razões, a causa é concluída. Quando é o bispo quem julga, ele é o juiz singular, e não há outros juízes, somente dois assessores a quem ele deve ouvir. Haverá três juízes somente no Rito Ordinário e no Tribunal de Segunda Instância. O processo é entregue a três juízes para que eles possam analisar, emitir seu parecer e preparar a sentença.

20º passo – Julgamento da causa

O julgamento da causa é feito em sessão do Tribunal, onde cada juiz apresenta as suas conclusões sobre a causa em discussão e a seguir é exarada a sentença.

10ª etapa – A publicação da sentença

A sentença proferida pelo Tribunal Eclesiástico deve ser publicada para conhecimento de todos e para que possa surtir seus efeitos.

---

[17] Cf. cân. 1606.

21º passo – Comunicação da sentença

Proferida e publicada a sentença de 1ª instância, o juiz presidente manda fazer a comunicação da sentença às partes e lhes dá 15 dias para se manifestarem. Convida-as também a completar o pagamento das custas, caso ainda haja pendências.

11ª etapa – Execução da sentença

Após o decurso do prazo dado às partes para se manifestar sobre a sentença e não havendo nenhum recurso, a sentença se torna executiva,[18] ou seja, pode ser executada, podendo as partes, somente a partir desse momento, contrair novas núpcias.[19]

22º passo – Registro

Proferida a sentença definitiva, o Tribunal manda as paróquias e as dioceses de Batismo e de Matrimônio anotarem que este foi declarado nulo. Assim, quando for emitida nova certidão, aparecerá também essa anotação.[20]

Como se disse acima, após a comunicação da sentença às partes, e não havendo nenhum recurso, tanto das partes como do defensor do vínculo, a sentença se torna definitiva e o processo termina.

Porém, se alguma das partes, ou o defensor do vínculo, interpuser qualquer recurso contra a sentença, esta não se torna definitiva, mas sim provisória. Isso significa que o processo ainda não acabou, o que só acontecerá depois de ser analisado e julgado por um Tribunal de Segunda Instância.

---

[18] Cf. cân. 1679.
[19] Cf. cân. 1682, § 1.
[20] Cf. cân. 1682, § 2.

4.3 Outras observações sobre o processo de nulidade matrimonial

4.3.1 1ª e 2ª instâncias

Diz-se 1ª instância o Tribunal onde o processo inicia-se e é dada a 1ª sentença. Se um matrimônio for declarado nulo na 1ª instância e não houver recurso, a sentença torna-se definitiva e o processo acaba.

Quando a sentença é dada, será admitido o recurso, apelação, de qualquer parte ou do defensor do vínculo. Mas, quando a 1ª instância julgou desfavoravelmente, ou seja, que no curso do processo não ocorreu nenhuma nulidade, o processo finda. Só irá para a 2ª instância se a parte interessada apelar. Senão, o processo será arquivado.[21]

No Tribunal da 2ª instância, o processo passa novamente pelo exame de um defensor do vínculo e de três juízes que confirmam ou não a sentença da 1ª instância, ou buscam novas provas, ou mesmo o devolvem à 1ª instância para colher novas provas.

Caso os juízes confirmem a sentença da 1ª instância, o processo acaba. Não há mais nada a fazer, exceto se aparecerem novas e graves provas.

Se, porém, a sentença da 2ª instância for contrária à da 1ª, a parte interessada pode recorrer ao Supremo Tribunal da Rota Romana, em Roma (3ª instância). Somente o Tribunal (de 1ª ou 2ª instâncias) julgará se existem as condições requeridas para recorrer ao Tribunal da Rota Romana.

Se houver recurso a Roma, quem recorre deve arcar com as despesas. Mesmo assim, quem decide se o processo vai a Roma é o próprio Tribunal.

---

[21] Cf. ARRIETA, J. I. Comentário ao cân. 1682. In: *Codice di Diritto Canonico e Leggi Complementari Comentato*. Roma: Coletti a San Pietro, 2007.

4.3.2 Os juízes

Em cada processo, atuam três juízes.

Os juízes são pessoas cultas, sérias e honestas, geralmente mestres ou doutores em Direito Canônico, aprovadas pelo bispo e por Roma para julgar em nome da Igreja.

O Papa Francisco quer que os próprios bispos, nas suas dioceses, julguem os processos cujas causas de nulidade sejam mais evidentes. O bispo, porém, precisa do parecer de dois assessores com conhecimento em Direito Canônico para proferir sua sentença.

4.3.3 Sigilo

Para o bem de todos, nem as partes nem advogados podem levar o processo para fora do Tribunal, tampouco fazer cópia de nada, nem com o celular. Só podem consultar o processo no Tribunal. E, além disso, se o juiz achar que a consulta a depoimentos talvez cause confusões, danos ou brigas, pode decretar o sigilo processual e impedir que o processo seja consultado. Isso, às vezes, acontece.

4.3.4 Duração do processo

O CDC diz que um processo não deve durar mais de um ano na 1ª instância e de seis meses na 2ª. Às vezes, um processo demora mais pelas dificuldades de colher provas, ouvir as partes e testemunhas que moram em localidades distantes. Quando tudo corre normalmente, em seis meses um processo começa e termina nas duas instâncias.

4.3.5 Documento comprobatório

O Tribunal manda às partes cópia do Decreto de Publicação e de Execução da sentença definitiva e cópia da sentença resumida, dizendo que ambos são documentos válidos e suficientes para provar a nulidade do sacramento em questão e que os que antes estavam vinculados por tal união, a partir daquele momento, são solteiros e, se quiserem, poderão casar na igreja.

Esses documentos são emitidos pelo Tribunal em nome da Igreja. São documentos válidos e de grande valor, e devem ser guardados com o devido cuidado.

4.3.6 Advogados e procuradores

É preciso contratar advogado? Não necessariamente.[22] Um advogado civil não serve, porque não tem a capacitação e a habilitação para agir em um Tribunal da Igreja.

Para ser advogado eclesiástico, a pessoa precisa ser doutor, mestre ou bacharel em Direito Canônico, ter honestidade comprovada, ser nomeado pelo bispo moderador e ter sua nomeação homologada por Roma.

Para quem reside longe do Tribunal, é melhor nomear um procurador de confiança. O procurador pode executar tarefas simples, como providenciar documentos, trazer testemunhas, fazer pagamentos, receber informações e outras. O procurador não precisa ter nenhuma habilitação em Direito Canônico.

4.4 Interrogatórios pelo juiz auditor[23]

Auditor é o juiz que interroga e ouve as partes, as testemunhas e recolhe provas. Interrogar as partes é uma tarefa de enorme importância. Por isso, o auditor deve ser competente, conhecer muito bem o direito, a doutrina e a jurisprudência.

---

[22] Cf. cân. 1481.
[23] Cf. cân. 1428.

As perguntas são elaboradas com antecedência, mas o auditor pode fazer tantas perguntas quantas achar necessárias, pois o interrogatório é para descobrir a verdade.

Quando o juiz auditor convoca para prestar depoimento, a pessoa deve comparecer. Se não puder comparecer, deverá telefonar, avisando e combinando outra data. Se for empregado, pode pedir ao juiz que dê o atestado de que esteve no Tribunal a serviço da Justiça. É lei e todo empregador é obrigado a aceitá-lo.

Se a parte demandada não comparecer, será declarada ausente do processo. Se a parte demandante não comparecer, o processo será arquivado.

Se uma testemunha não puder ir, quem a arrolou pode substituí-la por outra.

A pessoa citada deve ser pontual. Caso se atrase, pode não ser ouvida naquele dia em vista de outros compromissos já assumidos pelo juiz auditor.

As partes, demandante e demandada, são ouvidas antes das suas testemunhas, exceto por causa justa ou grave, quando poderão ser ouvidas a qualquer momento.

Somente a verdade seja dita. Para garantir isso, o juiz exige juramento perante Deus de dizer a verdade. Quem mente, peca, e prestará contas a Deus.

Todos precisam apresentar documento de identidade com fotografia.

A testemunha precisa ter pelo menos 14 anos de idade. Mas, o juiz auditor, se achar cabível, poderá convocar e interrogar também crianças. Não é necessária a presença do depoente quando do acontecimento dos fatos. Se ele foi informado em tempo insuspeito (há um tempo razoável), pode testemunhar. Se, porém, foi informado em tempo suspeito, recentemente, seu testemunho não é válido.

A testemunha precisa conhecer bem os fatos próximos ao vínculo matrimonial: antes e logo depois, pois só eles revelam se o sacramento foi válido ou nulo. A testemunha é quase inútil se não conheceu a vida do casal na época próxima à união matrimonial. As opiniões não resolvem, pois podem estar certas ou erradas. Por isso, elas não provam nada. O juiz precisa de fatos e não de opiniões. É inútil dizer: "Eu acho, eu penso, parece que...". O bom testemunho relata fatos e não opiniões. Se você sabe, diga logo: "Foi assim e assim, eu vi, eu escutei...". Se não sabe, diga logo: "Eu não sei". Não saber não é nenhum mal. Mal mesmo é inventar ou mentir.

O depoente deve responder logo e não ficar pensando o que dizer. Cada depoente é interrogado sozinho, em particular, e não junto com outros.

Na audiência estará presente o juiz, e raras vezes o defensor do vínculo e o notário. É pecado, desonestidade e grave injustiça alguém comparecer só para prejudicar o autor por causa de ódio ou vingança contra quem antes já se amou muito.

4.5 *Motu proprio* do Papa Francisco, *Mitis Judex Dominus Iesus*

A Igreja quer que os processos sejam sérios e não demorem muito, por isso, estabelece o prazo máximo de um ano para dar a sentença de 1ª instância e de seis meses para a de 2ª instância.

Muitas vezes, um processo fica mais demorado em virtude da dificuldade que o demandante tem de apresentar toda a documentação necessária para sua realização. Outro fator que pode torná-lo mais demorado é a dificuldade de ouvir as partes ou testemunhas que moram longe e até em outros países.

O Papa Francisco pede que os processos sejam sérios, mas, também, que sejam céleres e se resolvam no menor período de tempo possível. Para isso, ele instituiu o "Processo mais breve perante o bispo". Graças a esse procedimento, quando o bispo dá a sentença, e não havendo apelação ao tribunal superior, o processo termina em quatro ou cinco meses; caso contrário, se houver apelação, demora mais, obviamente.

Através da Carta Apostólica, em forma de *Motu proprio*, *Mitis Judex Dominus Iesus*, publicada em 15/08/2015, o Papa Francisco alterou 21 cânones do CDC, para os processos terem mais agilidade e não para favorecer a nulidade matrimonial. Essas alterações começaram a vigorar somente a partir de 08/12/2015.

Eis algumas mudanças feitas pelo Papa Francisco:

1. Onde ainda não houver, o bispo deve constituir o Tribunal Diocesano na sua diocese. Ele mesmo julga, fazendo-se assessorar por duas pessoas entendidas em ciências jurídicas ou em ciências humanas.[24]

2. É o vigário judicial quem recebe o Libelo, o examina e inicia o processo. É ele quem dirá se pode correr pelo processo mais breve ou pelo ordinário.[25]

3. A causa pode correr pelo processo mais breve, quando:

   a) Ambos os cônjuges assinam o Libelo, ou um assina e o outro concorda;

   b) A nulidade é evidente e não exige investigação mais profunda (ver Regra processual 14).[26]

4. Quem julga o processo mais breve é o bispo, após ouvir o parecer do defensor do vínculo, do relator e do assessor. Portanto, o bispo só dá a sentença afirmativa de nulidade

---

[24] Cf. cân. 672, §§ 2 e 4.
[25] Cf. cân. 1676, § 1.
[26] Cf. cân. 1683.

se chegar à certeza moral da nulidade do matrimônio. Se ele tem dúvidas, devolve o processo para seguir o rito de Processo Ordinário.[27] Esta foi uma das mais festejadas mudanças, pois, com a possibilidade de o bispo diocesano ser o juiz natural nas causas de nulidade matrimonial, possibilita-se que o processo seja concluído em um breve período de tempo.

5. Feita a publicação da sentença, se não houver recurso no prazo dado, ela se torna executiva, sem passar pelo Tribunal de 2ª instância.[28] Esta foi outra mudança significativa, pois permitiu que a sentença exarada pelo bispo diocesano (em 1ª instância) se torne executiva, caso não seja interposto nenhum recurso; assim, o processo tem a possibilidade de terminar apenas com a sentença do bispo, porque, anteriormente a essa Carta Apostólica do Sumo Pontífice, as sentenças de 1ª instância eram obrigatoriamente confirmadas pela 2ª instância.

6. Nas regras processuais, o Papa Francisco pede ainda:

   a) Que se redija um manual simples para ajudar o povo (Regra 3).

   b) O bispo providencie cursos de capacitação para agentes, que possam ajudar os fiéis com competência nos casos de matrimônios nulos (Regra 5).

   c) O papa dá também alguns exemplos de causas que admitem o processo mais breve: falta de fé que possa provocar erro ou simulação, aborto provocado para excluir a prole, brevidade da convivência, infidelidade persistente, dolo, casar por causa alheia ao matrimônio, violência ou medo grave, falta do uso da razão (Regra 14).

---

[27] Cf. cân. 1687, § 1.
[28] Cf. cân. 1679.

O papa deseja que, na medida do possível, se faça a digna retribuição dos que trabalham no Tribunal e, após cobertas as despesas de expediente (correios, telefone, luz, papel, computador etc.), seja dada a gratuidade da Justiça eclesiástica (Critério 6).

4.6 Síntese das causas de nulidade de um matrimônio

No segundo capítulo deste Manual, vimos as nulidades do matrimônio, analisadas por tipo, nos tópicos 2.1.1 (*Os impedimentos dirimentes*), 2.1.2 (*Os vícios de consentimento*) e 2.1.3 (*Os defeitos de forma canônica*).

Neste tópico, apresentamos, para consulta breve, uma síntese dessas causas de nulidade matrimonial, com os respectivos cânones nos quais estão amparadas.

4.6.1 Impedimentos dirimentes

1. *Idade:* a mulher casar-se com menos de 14 anos ou o homem com menos de 16 anos.[29] Segundo as normas da Conferência Nacional dos Bispos do Brasil, estão impedidos de contrair matrimônio de ambos os sexos os menores de 18 anos.
2. *Impotência:* se o homem ou a mulher forem incapazes de realizar o ato sexual completo.[30]
3. *Vínculo matrimonial:* se um dos dois já estiver casado na Igreja.[31]
4. *Disparidade de culto:* se um dos dois não for batizado, nem em outra Igreja cristã.[32]

---
[29] Cf. cân. 1083.
[30] Cf. cân. 1084, § 1.
[31] Cf. cân. 1085, § 1.
[32] Cf. cân. 1086, § 1.

5. *Ordens sagradas:* se o homem for clérigo: bispo, padre ou diácono.[33]
6. *Voto perpétuo de castidade*: se alguém for irmão ou irmã com voto perpétuo de castidade.[34]
7. *Rapto:* se a mulher foi raptada ou retida violentamente para fins de matrimônio; o mesmo vale para um homem.[35]
8. *Assassinato de cônjuge:* quem matou ou ajudou alguém a matar seu cônjuge ou o cônjuge do outro para casar-se.[36]
9. *Parentesco por consanguinidade:* quem é parente na linha reta, em qualquer grau, e quem é parente na linha lateral até 4º grau (primos-primeiros).[37]
10. *Parentesco por afinidade:* origina-se de matrimônio válido. Casar-se o marido com a filha da esposa (mas que não seja sua filha, porém enteada) e a esposa com o filho do marido (mas que não seja seu filho, porém enteado), ou ainda o sogro com a nora, a sogra com o genro.[38]
11. *Pública honestidade:* origina-se de vínculo matrimonial inválido, ou de um relacionamento de "amasiamento". Casar-se o padrasto com a filha da concubina (enteada) e a madrasta com o filho do concubino (enteado).[39]
12. *Parentesco legal:* origina-se da adoção. Matrimônio entre irmão e irmã adotivos ou pais com filhos adotivos.[40]

---

[33] Cf. cân. 1087.
[34] Cf. cân. 1088.
[35] Cf. cân. 1089.
[36] Cf. cân. 1090.
[37] Cf. cân. 1091, §§ 1 e 2.
[38] Cf. cân. 1092.
[39] Cf. cân. 1092-1093.
[40] Cf. cân. 1094.

4.6.2 Vícios de consentimento

13. *Falta do uso da razão:* neste grupo de pessoas estão: crianças, deficientes mentais, dementes, bêbados, drogados, hipnotizados e os que se encontram sob o efeito de fortes sedativos.[41]

14. *Falta de discrição de juízo:* diz respeito à falta de discrição de juízo a respeito de direitos e deveres essenciais do matrimônio.[42]

15. *Incapacidade psíquica ou afetiva:* quem não for capaz de assumir os deveres matrimoniais por anomalias, como psicóticos, neuróticos, tarados, homossexuais inveterados, toxicômanos e alcoólatras, desequilibrados etc.[43]

16. *Ignorância:* quem não sabe nem que o casamento é para formar família e gerar filhos através do sexo.[44]

17. *Erro de pessoa:* quem errou gravemente sobre a pessoa. Pensou que ia se casar com uma pessoa e se casou com outra.[45]

18. *Erro de qualidade diretamente visada:* é o erro sobre a qualidade direta e principalmente visada em determinada pessoa, que é a qualidade sem a qual a pessoa não se casaria.[46]

19. *Erro doloso:* quem dolosamente enganou o outro cônjuge sobre algo importante, para poder casar-se com ele.[47]

---

[41] Cf. cân. 1095, § 1.
[42] Cf. cân. 1095, § 2.
[43] Cf. cân. 1095.
[44] Cf. cân. 1096, § 1.
[45] Cf. cân. 1097, § 1.
[46] Cf. cân. 1097, § 1.
[47] Cf. cân. 1098.

20. *Erro sobre as propriedades essenciais do matrimônio:* diz respeito ao erro sobre as propriedades essenciais do matrimônio e à sua dignidade sacramental, sendo por esses fundamentos também chamado de "erro de direito".[48]

21. *Simulação:* quem simulou casar-se, ou quem não queria ser fiel, ou não se casar para sempre ou não ter filhos.[49]

22. *Condição:* quem colocou uma condição para a validade do pacto matrimonial, porque tinha sérias dúvidas.[50]

23. *Coação ou medo:* quem se casou por coação ou medo, sem liberdade, ou por ter sofrido coação moral (casou-se forçado).[51]

4.6.3 Defeitos de forma canônica

24. *Falta da forma canônica:* se o padre ou diácono não tiver autoridade para assistir aquele sacramento (fora da paróquia); se forem omitidas as palavras sacramentais; se o matrimônio não for realizado na presença de duas testemunhas etc.[52]

---

[48] Cf. cân. 1099.
[49] Cf. cân. 1101.
[50] Cf. cân. 1102.
[51] Cf. cân. 1103.
[52] Cf. cân. 1108.

CAPÍTULO 5

PARTE PRÁTICA – MODELOS DE FORMULÁRIOS

5.1 Pedido de dispensa

Exmo. Sr. Bispo ....
O Senhor ....
e a Senhora ....,
querendo casar-se conforme prescreve a *forma canônica*, vêm humildemente pedir à Vossa Excelência Reverendíssima que se digne dispensar do(s) impedimento(s) ou conceda licença da(s) proibição(ões): ....
....,
por motivo de ....
....
....

NESTES TERMOS, PEDEM DEFERIMENTO.

(Cidade), ... de .... de ....

_____
(Assinatura)

_____
(Assinatura)

_____
(Assinatura do pároco)

5.2 Rescrito

Atendendo ao pedido feito acima e considerando válidos os motivos apresentados, *servatis omnibus de iure servandis*, assim como pedem, CONCEDEMOS.

(Cidade), ... de .... de ....

_____
(Assinatura do ordinário)

Protocolo: _____

5.3 Pedido de sanação radical (sanação na raiz)

Exmo. Revmo. Dom................................

Bispo de ....

Eu, abaixo assinado, (Nome), ...,

brasileiro, católico, ... (profissão), residente na Rua

...., n. .... – Bairro..............................,

CEP 00000-000, (Cidade), (Estado), Telefone: (00) ....,

batizado na Paróquia ...., diocese de

........................., no dia ..../........./........, Livro n. .... fls. ...., n. ....

casado somente no civil, no dia ..../........./..........., com ....

..................................., batizada na Paróquia..,

no dia ..../........./........, Livro de Batismo n. ...., fls. ...., sob n. ....,

respeitosamente, venho requerer a SANAÇÃO RADICAL do nosso matrimônio, validando pela raiz, desde ..../........./........, como determina o Código de Direito Canônico, nos cânones 1161 a 1165.

O nosso consentimento matrimonial ainda persiste e nós desejamos viver juntos por toda a vida, até que a morte nos separe. Somos católicos praticantes e pertencemos à Paróquia ....,

Bairro ...., Município ....

Junto a este pedido, apresentamos cópia destes documentos:

a) Certidão de Batismo de ambos.

b) Certidão ou Termo de Casamento civil.

(Cidade), ... de .... de ....

(Assinatura)

5.3.1 Sanação na raiz

Pela autoridade que exerço, pelo poder da Igreja, para o bem e a salvação das almas e para o aumento da graça, desejando que esta família viva sempre bem a fé católica, com satisfação concedo a graça da sanação na raiz.

Registre-se nos Livros de Batismo e de Matrimônio das respectivas paróquias e dioceses dos suplicantes.

(Cidade), ... de .... de ....

Dom _____

(Bispo diocesano)

5.4 Modelo de Libelo (para servir de roteiro)

Sr. Presidente do Tribunal Eclesiástico de ....

Eu, (Nome), filho de ....

e de ....,

nascido no dia ..../......./......., residente na Rua ...., n. ....,

Bairro ...., CEP 00000-000, telefone (00) ....,

católico, batizado na Paróquia ...., diocese de ....,

casado no religioso no dia ..../......./......., na Paróquia ....,

diocese de ...., com (Nome), filha de ....

e de ...., nascida no dia ..../......./...............,

em ...., residente

na Rua .... n. ...., Bairro ....,

CEP 00000-000, telefone (00) ...., católica, batizada na

Paróquia ...., diocese de ....,

declaro que ....

5.4.1 Exemplo de relato

Declaro que eu conheci (Nome) numa festa junina em Castanhal-PA. Namoramos por dois anos. Nosso namoro foi conturbado, com brigas e ciúme. Seus pais não queriam que ela namorasse por ser muito jovem. Mesmo assim, nós namorávamos às escondidas. Ela dizia que tinha muitos problemas de relacionamento em casa com seus pais e, por isso, queria casar-se. Conhecendo-a melhor, eu buscava a ocasião propícia para terminar o namoro, pois ela não era o tipo de mulher que eu queria para ser minha esposa.

Após cinco meses de namoro, mantivemos relação e ela engravidou.

Mesmo com a gravidez, eu não queria casar-me, porque não via nela as qualidades para ser minha esposa e companheira, pois era muito nervosa e apresentava um ciúme doentio.

Poucos dias depois, o pai dela veio me procurar para combinar a celebração. Eu respondi que assumiria a criança, mas não iria casar-me com (Nome). Então, o pai dela se dirigiu a mim com palavras agressivas e me ameaçou, dizendo que eu teria que me casar com sua filha para consertar o erro cometido, pois somente dessa forma tiraria sua família da humilhação pública.

Eu fiquei com muito medo, porque ele era agressivo e tinha fama de ser violento, e, para livrar-me deste problema, tive que aceitar o sacramento, mesmo contra minha vontade. As cerimônias foram frias, pois eu não me sentia bem em casar com ela.

Depois de casados, nós fomos morar numa casa alugada.

Desde o início de nossa convivência sacramental, não fomos felizes. Nós nos desentendíamos e discutíamos por qualquer motivo. Por causa disso, comecei a beber e a passar noites fora de casa com amigos. Com isso, nossos problemas se agravaram cada vez mais, até nos separarmos. Vivemos juntos por dois anos. Foi um tempo de muita angústia. Há três anos vivo com outra mulher, com quem tenho uma filha. (Nome) vive só. Hoje peço à Igreja a declaração de nulidade desse matrimônio, porque me casei coagido.

(Cidade), ... de .... de ....

(Nome)

Para provar o que eu disse, apresento 3 testemunhas:
1. (Nome e endereço completos, inclusive CEP e telefone).
2. (Nome e endereço completos, inclusive CEP e telefone).
3. (Nome e endereço completos, inclusive CEP e telefone).

Observação: Familiares e parentes que conheçam bem os fatos alegados podem ser testemunhas.

5.5 Ordem dos documentos na pasta do processo de nulidade matrimonial

1. Capa.
2. Libelo.
3. Certidão de Matrimônio.
4. Certidão de Batismo do(a) demandante.
5. Certidão de Batismo do demandado(a).
6. Certidão de Casamento civil e/ou declaração de que não se casou.
7. Decreto de colégio judicante.
8. Decreto de aceitação com assinatura do(a) demandante.
9. Decreto de fixação dos limites.
10. Decreto de citação da parte demandante e de suas testemunhas.
11. Decreto de citação da parte demandada e de suas testemunhas.
12. Questionário da parte demandante.
13. Ata de audiência da parte demandante.
14. Questionário das testemunhas da parte demandante.
15. Ata de audiência da testemunha demandante – 1.
16. Ata de audiência da testemunha demandante – 2.
17. Ata de audiência da testemunha demandante – 3.
18. Questionário da parte demandada.
19. Ata de audiência da parte demandada.
20. Questionário das testemunhas da parte demandada – 1.
21. Ata de audiência da testemunha demandada – 1.
22. Ata de audiência da testemunha demandada – 2.
23. Ata de audiência da testemunha demandada – 3.
24. Litiscontestação.
25. Decreto de publicação dos autos.
26. Parecer do defensor do vínculo.
27. Decreto de juntada das alegações, conclusão da causa e dos autos.
28. Sentença de 1ª instância por extenso.
29. Sentença breve de 1ª instância.

30. Decreto de comunicação da sentença do bispo.
31. Decreto de execução de sentença.
32. Ciência da sentença – demandante.
33. Ciência da sentença – demandado(a).
34. Ciência da sentença – demandante.
35. Ciência da sentença – demandado(a).
36. Ofício de encaminhamento às paróquias para nulidade.

Conclusão

O presente livro foi fruto de estudos, da prática da docência e do trabalho no Tribunal Eclesiástico. Primeiramente, decidi elaborar uma obra que mostrasse a beleza do matrimônio, o qual é essencialmente de instituição divina, pois compreendemos que a salvação da pessoa humana e da sociedade está intimamente relacionada ao bem-estar da família. Dessa forma, a família não é uma instituição meramente humana, apesar das diversas variações que sofreu ao longo do tempo nas culturas e estruturas sociais, ocupando um lugar eminente no plano de Deus para a humanidade.

Em segundo lugar, e sobretudo, quis que este livro fosse um meio de orientações sobre as novas regras do *processo de nulidade matrimonial*, conforme as leis do CDC e as regras contidas no *Motu Proprio Mitis Judex Dominus Iesus*, do Papa Francisco, publicado em 15/08/2015 (Regra n. 3, dos *Procedimentos ao tratar da nulidade matrimonial*).

Tive em mente dois objetivos. O primeiro, de ser absolutamente fiel à legislação canônica, especialmente, às normas de direito divino-natural – visto que a essas, por serem de origem divina, não cabe dar interpretação diversa da doutrina e da tradição da Igreja. O segundo, foi o de traduzir a linguagem canônica da forma mais simples possível, de modo a torná-la acessível a todos quantos venham a manusear este modesto trabalho.

Se, por graça divina, este Manual, de alguma maneira, se tornar útil às pessoas que trabalham nos Tribunais Eclesiásticos, aos estudantes da disciplina de Direito Canônico, aos padres, diáconos, agentes da Pastoral Familiar, e a todos quantos desejarem resolver a sua situação de um matrimônio fracassado, obtendo, através das orientações aqui contidas, a sua reconciliação pessoal, com Cristo e a Igreja, seja através da convalidação de um matrimônio inválido, seja pela declaração de que seu matrimônio foi nulo, de modo a, assim, poder voltar a participar da Santa Eucaristia, estarei plenamente recompensado em meu sacerdócio, que tem por razão maior seguir a Cristo Jesus, em busca da salvação das almas.

Castanhal, Pará, 25 de março de 2022.
Solenidade da Anunciação do Senhor.

Referências

ARRIETA, J. I. Comentários. In: *Codice di Diritto Canonico e Leggi Complementari Comentato*. 2. ed. Roma: Coletti a San Pietro, 2007.

BÍBLIA DE JERUSALÉM. Nova ed. rev. ampl. São Paulo: Paulus, 2002.

BRASIL. *Código Civil Brasileiro*. Lei n. 10.406, de 10 de janeiro de 2002. Art. 1517. Disponível em: http://www.planalto.gov.br/ccivil_03/leis/2002/l10406compilada.htm.Acesso em: 4 maio 2020.

CÓDIGO DE DIREITO CANÔNICO. Trad. da CNBB. 19. ed. São Paulo: Edições Loyola, 2010.

CONCÍLIO ECUMÊNICO VATICANO II. Constituição Pastoral *Gaudium et Spes*. In: VIER, Frederico (coord. geral). *Compêndio do Vaticano II*: constituições, decretos, declarações. 29. ed. Petrópolis, RJ: Vozes, 2000.

CONDE, M. J. A. *Diritto processuale canonico*. 5. ed. Roma: EDIURCLA, 2006.

CONFERÊNCIA NACIONAL DOS BISPOS DO BRASIL. *Orientações Pastorais sobre o Matrimônio*. 18 a 25 de abril de 1978, n. 2.15. Disponível em: https://www.cnbbo2.org.br/12-orientacoes-pastorais-sobre-o-matrimonio/. Acesso em: 24 nov. 2020.

FERREIRA, Aurélio Buarque de Holanda. Anulação e nulidade. In: *Dicionário Aurélio de Língua Portuguesa*. 5. ed. Curitiba: Positivo, 2010.

MOTU PROPRIO *Mitis Iudex Dominus Iesus*. Disponível em: http://www.vatican.va/content/francesco/pt/motu_proprio/documents/papa-francesco-motu-proprio_20150815_mitis-iudex-dominusiesus.html. Acesso em: 3 abr. 2020.

PAPA FRANCISCO. *Exortação Apostólica Pós-sinodal Amoris Laetitia*: sobre o amor na família. Brasília: Edições CNBB, 2016.

PAPA PIO XI. *Carta Encíclica Casti Connubii*: sobre o casamento cristão. 31 de dezembro de 1930. Disponível em: http://www.vatican.va/content/pius-xi/es/encyclicals/documents/hf_p-xi_enc_19301231_casti-connubii.html. Acesso em: 28 dez. 2020.

PONTIFICIO CONSIGLIO PER I TESTI LEGISLATIVI. *Instruzione Dignitas Connubii*: da osservarsi nei trubunali diocesani e interdiocesani nella trattazione dele cause di nullità del matrimonio. Città del Valticano: Libreria Editrice Vaticana, 2005.

RITO DO MATRIMÔNIO. In: *Sacramentário*. Edição típica em tradução portuguesa para o Brasil realizada e publicada pela CNBB. 5. ed. São Paulo: Paulus, 2008.

SABBARESE, L. *Il Matrimonio Canonico nell'ordine della natura e della grazia*: commento al Codice di Diritto Canonico, Libro IV, Parte I, Titolo VII. Cidade do Vaticano: Urbaniana University Press, 2006.

SANCHEZ, Luis Vela. Dolo. In: SALVADOR, C. C.; DE PAOLIS, V.; GHIRLANDA, G. *Nuovo dizionario di Diritto canonico*. 2. ed. Milão, Itália: San Paolo, 1996.

VEIGA, Edison. Quando e por que a Igreja Católica passou a impor o celibato aos padres. *BBC NEWS BRASIL*. Disponível em: https://www.bbc.com/portuguese/internacional-45489668. Acesso em: 1º fev. 2021.

Glossário

Vocabulário de termos técnicos

Auditor: é o juiz que ouve e interroga as partes e recolhe provas.

Concílio: assembleia presidida pelo papa e que reúne os bispos e demais dignitários eclesiásticos para deliberar sobre questões da fé, costumes, doutrina ou disciplina eclesiástica.

Cura: nome dado ao sacerdote responsável pelo cuidado pastoral da paróquia catedral.

Demandante: é a pessoa que inicia um processo. É o mesmo que autor.

Demandado: é a pessoa que responde ao processo.

Libelo: é o pedido feito pelo autor para iniciar um processo canônico.

Moderador: é o arcebispo ou bispo responsável por um tribunal.

Motu proprio: espécie de carta apostólica papal.

Nubentes: pessoas prestes a contrair matrimônio.

Presidente: é o juiz que conduz um processo.

Processo mais breve: é o processo de nulidade matrimonial que tem o procedimento mais breve e é julgado pelo bispo diocesano.

Relator: é o juiz que redige a sentença; geralmente, é o presidente do processo.

Vigário judicial: é o juiz que atua com a autoridade do bispo moderador.

Rua Dona Inácia Uchoa, 62
04110-020 – São Paulo – SP (Brasil)
Tel.: (11) 2125-3500
paulinas.com.br – editora@paulinas.com.br
Telemarketing e SAC: 0800-7010081